经济发展理论研究

胡绍波　著

中国商务出版社
·北京·

图书在版编目（CIP）数据

经济发展理论研究 / 胡绍波著. -- 北京 : 中国商务出版社, 2024. 8. -- ISBN 978-7-5103-5220-1

Ⅰ. F061.3

中国国家版本馆 CIP 数据核字第 2024AW0182 号

经济发展理论研究

胡绍波　著

出版发行：中国商务出版社有限公司
地　　址：北京市东城区安定门外大街东后巷 28 号　　邮编：100710
网　　址：http://www.cctpress.com
联系电话：010—64515150（发行部）　　010—64212247（总编室）
　　　　　010—64515210（事业部）　　010—64248236（印制部）
责任编辑：吕　伟
排　　版：北京嘉年华文图文制作有限责任公司
印　　刷：北京印匠彩色印刷有限公司
开　　本：710 毫米×1000 毫米　1/16
印　　张：13.25　　字　　数：222 千字
版　　次：2024 年 8 月第 1 版　　印　　次：2024 年 8 月第 1 次印刷
书　　号：ISBN 978-7-5103-5220-1
定　　价：79.00 元

前　言

以经济建设为中心是兴国之要，经济发展是解决我国所有问题的关键。只有推动经济持续健康地发展，才能筑牢国家繁荣富强、人民幸福安康、社会和谐稳定的物质基础。

在经济全球化的背景下，中国经济不仅要实现中高速的发展，更重要的是高质量发展。中国经济既有其独特的优势，也存在发展中的短板。在经济高质量发展的今天，政府要进行思维的转化，政府要建立一种顶层思维，从制度上创新，从体制机制上转型，实现经济的高质量发展。从历史逻辑、现实逻辑、理论逻辑来看，推动我国经济高质量发展是新时代的鲜明主题，但我国经济依然面临着来自国际和国内的多重挑战，因此需要在党的全面领导下，坚持以制度为基、协同创新、转变观念，通过建设现代化经济体系、优化营商环境、加强供给侧结构性改革和需求侧管理等措施，推动经济发展的质量变革、效率变革与动力变革。

本书从经济高质量发展概述入手，介绍了经济高质量发展现状和路径。接着详细分析了数字金融与经济高质量发展、经济高质量发展与科技创新以及科技创新驱动经济高质量发展的国际经验借鉴。在推动制度创新，全面助力高质量发展以及提高多元竞争力，蓄积高质量发展潜力，建立五维度科学指标，评估高质量发展度以及中国经济高质量发展的政策建议方面做出重要探讨。

本书编写过程中参考了大量专著和文献，在此，向这些专著的作者、编者以及为这本书提出宝贵意见的领导、专家和朋友们致以衷心的感谢！最后，受角度和专业经验的限制，本书难免存在不足。敬请读者批评指正。

目　录

第一章　经济高质量发展概述

第一节　经济高质量发展的内涵与特征

一、经济高质量发展的内涵

党的十九大报告描绘了中国经济的未来发展蓝图，并做出了我国经济已由高速增长阶段转向高质量发展阶段的重大判断。习近平总书记在 2017 年 12 月 6 日召开的中共中央党外人士座谈会上指出，实现高质量发展，是保持经济社会持续健康发展的必然要求，是适应我国社会主要矛盾变化和全面建设社会主义现代化国家的必然要求。高质量发展是当前和今后一个时期确定发展思路、制定经济政策、实施宏观调控的根本要求。

高质量发展是对经济社会发展整体质量和效益状况的描述，是能够很好满足人民日益增长的美好生活需要的发展，是体现创新、协调、绿色、开放、共享发展理念的发展，是生产要素投入少、资源配置效率高、资源环境成本低、经济社会效益好的发展。

二、经济高质量发展的特征

（一）投入产出效率和经济效益不断提高

市场经济运行的基本规律是价值规律，以最小的费用投入而取得最大的效益（产出）是价值规律的本质要求。将各种生产要素（劳动、土地、资本、资源等）的投入产出效率不断提高，并促进微观主体的经济效益不断提升，这是经济高质量发展的重要标志。经济效益提高的范畴包括劳动就业取得的经济收入提升、国家税收增加、职工收入水平提高以及企业经营效益提升等。

（二）商品和服务质量持续提高

经济高质量发展既有关于增加数量的要求，也有关于提高质量的要求，数量和质量缺一不可。随着现代社会的进步和人民生活水平的不断提高，人民群众的生活需要日益增长，因此要将更多新产品和好服务提供给人民群众，使大众不断增长的需求得到满足，包括个性化需求、多元化需求以及随时代变化而不断升级的需求。此外，经济高质量发展还要对新的消费领域和方式加以开发与设计，丰富和改善人民的生活，同时促进产业结构的积极调整和供给体系的不断完善。如此相互促进的良性循环机制既会推动人民群众走向幸福的生活，也将推动社会生产力的不断发展与提高。

（三）资源配置机制比较完善

在经济高质量发展时期，我国依然要像过去几十年一样坚持以改革为动力。我国经济发展存在不充分、不平衡的问题，生产力发展水平有限是主要原因。此外，还有资源配置机制存在弊端这一原因，这是部分领域经济发展不平衡的重要原因。要推动经济高质量发展，就必须加强对市场经济体制的健全与完善，充分发挥市场在资源配置中的重要作用，在政府宏观调控和市场调节下共同提高资源配置的效率。

（四）经济重大比例关系协调、循环顺畅，经济在低风险区间运行

国民经济空间布局合理、重大比例关系协调、各环节（生产、流通、分配、消费）循环顺畅等是经济高质量发展的重要特征与要求。为满足这些要求，需要注意以下几点。

第一，改善政府职能，充分发挥政府的宏观调控作用，做好国家战略规划，发挥导向作用，促进经济政策协调机制的完善，如财政政策、货币政策、产业政策等。

第二，对现代财政制度予以建立，并不断健全和完善，对地方政府隐性债务风险予以控制。

第三，进一步深入改革金融体制，促进金融监管体系的健全，促进直接融资比重的提升和宏观杠杆率的稳定，严格防止系统性金融风险的发生。

（五）形成全面开放的新格局

经济高质量发展离不开高水平的对外开放，这是非常重要的发展动力。改革开放 40 多年来，通过对外贸易、投资以及对外资的引进使我国经济的发展实现了历史性的跨越。但需要注意的是，目前我国还没有从根本上解决出口产品质量、档次和附加值都比较低的问题，尤其是面临其他发展中国家低成本竞争和发达国家再工业化的双重挑战，使我国渐渐失去传统竞争优势。对此，我国必须坚持改革开放的战略方向，主动“走出去”，积极“引进来”，如此才能在复杂的国际竞争环境中占据一席之地。我国在改革开放中要充分打开全面开放的新格局，促进开放型经济发展层次的提升，建设贸易强国，并对外商投资环境予以改善，从而达到经济对外发展的高质量要求。

（六）创新成为第一动力

在新时代，理论创新、制度创新、文化创新、科技创新已然成为世界经济发展的重要动力。一个国家的创新能力直接会影响其国际竞争力，尤其是科技创新，它对经济发展的重要性不言而喻。科技是第一生产力，在生产要素的改革中融入科技元素，可以获得超乎想象的效应。经济发展质量随着科技对经济发展贡献率的增加而提升。

（七）全民共享发展成果

我国推进经济高质量发展，是为了引领人民群众创造美好生活，让广大人民群众走向幸福的未来。但现阶段我国民生领域还有很多重要的问题有待解决，如城乡经济发展的不平衡问题、居民收入差距问题、公共设施存量少以及公共服务无法满足人民现实需要的问题等。既然经济高质量发展根本上是为了让人们过上美好生活，那么国家的任何发展成果都应该被所有人民公平共享，如此才能将人民群众的积极主动性、创造性调动起来，形成强大的动力来进一步推动经济高质量发展。

（八）绿色生产生活方式不断普及

当今世界，绿色发展是势不可挡的潮流，世界人民追求美好生活，其中就包括对绿色生活的追求。绿色发展是经济高质量发展的重要标志，也是我国经济可持续发展的内在需要。当前，我国生态环境建设存在很多问题，如环境污染严重、大量的资源消耗与浪费、生态环境严重受损、对环境资源的不当利用甚至已经达到了环境承载力的极限等，这些问题也是我国社会主义现代化建设中的主要障碍。对此，我国必须继续强调绿色发展理念，引领人民深入理解“绿水青山就是金山银山”的真正含义，坚持科学发展观、可持续发展观以及绿色发展观，并综合治理各种环境污染和环境破坏问题，恢复生态环境的本来面貌。同时要向全民普及绿色环保的生活理念，使全国人民携手共建绿色家园，共建美丽祖国。在经济发展中，我国要践行绿色生产理念，促进经济高质量发展。

第二节　经济高质量发展的测度

对经济高质量发展情况进行客观衡量与全面评价，有利于我们正确地认识与把握我国经济发展的实情，而相关人员更要在此基础上，从实际出发去制定科学发展的政策、推动工作。目前，我国理论界已经开展了关于构建经济高质量发展的指标体系的研究，并取得了一定的成果。本节主要分析理论界对经济高质量发展评价指标体系的研究结果。

一、经济发展质量评价的思路

构建经济发展质量评价指标体系，可以从经济发展的有效性、充分性、协调性、持续性、创新性、稳定性和分享性等七个方面出发。

（一）经济发展的有效性

经济发展有效性指的是经济发展效率，也就是投入与产出的关系。主要指标包括劳动生产率、投资产出率等。

（二）经济发展的充分性

经济发展的充分性指的是经济发展潜能的利用程度，如现有经济资源是否有效利用、在经济发展中是否形成了新的生产能力。主要指标包括经济增长率、生产能力利用率等。

（三）经济发展的协调性

经济发展的协调性是经济发展质量的关键，指的是产业结构、区域结构、贸易结构等经济结构的协调程度。主要指标有产业结构比、城市化率、对外开放指数。

（四）经济发展的持续性

经济发展的持续性指的是经济持续发展的能力，主要表现为资源、环境承载经济长期发展的能力。主要指标包括资源供求系数、环境质量成本变化率等。

（五）经济发展的创新性

经济发展的创新性指的是经济发展中技术创新的作用。主要指标包括高技术产业增加值占 GDP 的比重、专利授权指数等。

（六）经济发展的稳定性

经济发展的稳定性是经济健康发展的基础和提高经济发展质量的重要保证，具体是指国民经济运行的平稳状况。主要指标有经济增长波动率、价格指数波动率。

（七）经济发展的分享性

经济发展的分享性指的是经济发展对脱贫、提高人们生活质量的作用，也就是经济发展的结果。主要指标有居民收入增长率、恩格尔系数和城乡居民收入比。

二、质量型经济增长的评价

（一）经济高效增长的判断标准

经济增长数量与经济增长质量不是两个问题，而是一个问题的两个方面。目前国内外经济增长理论普遍比较注重研究经济增长数量，对经济增长质量的研究并不多。在国内外对我国经济增长数量的研究中，绝大部分研究者主要通过分析经济发展要素来指出我国在一定时期内人民的收入水平，侧重对经济增长来源和数量的分析，而关于经济增长质量标准的探讨则微乎其微。经济高质量发展应该是经济增长数量与经济增长质量的协调统一发展，其中数量是基础，数量与质量的协调发展是目标。我国在提高经济增长质量的过程中，不仅要对数量增长予以关注，还要对质量增长及经济发展前景予以重视。我们要通过提高生产效率、优化产业结构、促进经济稳定发展、改善民生福利分配、降低生态环境代价、提高创新能力等多个方面来促进经济增长质量的改善与提高。此外，想要提高经济增长质量，还要对经济短期增长效益和长期增长效益的统一性予以关注。质量型经济增长理论对提高经济增长质量具有理论指导意义，我们要在经济系统、社会政治系统以及环境系统的耦合的基础上不断完善质量型经济增长理论，充分发挥该理论的指导作用。

建立质量型经济增长的价值判断标准，要以经济增长的有效性、高效性为核心，具体包括下列几个标准。

1. 增长代价最小化

在现有条件下，以最小的增长代价实现最大程度的增长。

2. 产出效率最大化

以集约型增长方式为主，提高生产效率和效益。

3. 产业结构高级化

通过产业结构的调整、优化、升级，促进经济增长，构建二者相互影响和相互作用的良性循环机制。

4. 经济运行平稳化

经济增长率波动的次数少、幅度小。

5. 社会福利最大化

经济增长后，最大限度地提升了社会福利水平，改善了社会整体福利，公平、公正地分配社会福利。

（二）地方经济增长质量评价指标

理论界通过研究总结出地方经济增长质量测评的 6 项一级指标和 30 项二级指标，见表 1-1。

表 1-1　地方经济增长质量评价指标

一级指标	序号	二级指标
经济增长的稳定性	1	经济增长的波动率
	2	通货膨胀率
	3	失业率
经济结构	4	第二产业增加值占地区生产总值比重
	5	第三产业增加值占地区生产总值比重
	6	城镇化率
社会总需求	7	最终消费率
	8	资本形成率
	9	净出口率
科技进步	10	R&D 研究与开发经费支出占地区生产总值的比重
	11	科技活动人员中科学家和工程师的比重
	12	地方财政科技拨款占地方财政支出比重
	13	每万人发明专利授权数
	14	技术市场成交额
资源环境	15	万元地区生产总值能源消耗
	16	万元地区生产总值水资源消耗
	17	亿元地区生产总值建设用地量
	18	工业废水排放量
	19	工业废气排放量
	20	工业固定废弃物排放量
	21	工业二氧化硫排放量
民生改善	22	人均 GNI（国民总收入）
	23	城乡人均收入比值
	24	城镇居民人均可支配收入增长率
	25	农村居民人均纯收入增长率
	26	财政性教育经费占地区生产总值比重
	27	每万人高等学校在校人数
	28	万人拥有医生数
	29	万人拥有病床数
	30	参加基本养老保险职工人数占总人口数比重

三、经济内部以及经济与社会之间协调状态的评价

理论界主要从经济发展质量评价指标体系构建的思路出发而构建经济内部以及社会之间协调状态的评价指标体系，包括 7 项一级指标和 21 项二级指标，见表 1-2。

表 1-2　经济内部以及社会之间协调状态的评价指标

一级指标	序号	二级指标	目标
经济发展的有效性	1	劳动生产率	把经济发展转移到提高劳动者素质的轨道上来
	2	投资产出率	提高固定资产投资的科技水平和优化投资结构
	3	贷款产出率	有利于提高有限资金的使用效益
	4	耕地产出率	提高耕地质量，确保农产品特别是粮食安全
经济发展的充分性	5	经济增长率	更直接、更准确地反映经济发展状况
	6	就业弹性率	从劳动就业变化角度来衡量经济发展质量状况
	7	生产能力利用率	指标越接近百分之百，说明生产能力利用越充分
经济发展的协调性	8	产业结构比	提高各产业发展的协调性，保持各产业之间的协调与均衡
	9	城市化率	优化城乡经济结构，促进国民经济良性循环和社会协调发展
	10	对外开放指数	有利于增强经济发展的竞争能力，提高经济发展对外的协调性
经济发展的持续性	11	资源供求系数	节约和高效利用资源，促进资源供求平衡
	12	单位产值能源消耗量	有利于加强能源管理，提高能源的使用效率
	13	环境质量成本变化率	尽量减少对环境的破坏，并对被破坏的环境尽快进行恢复
经济发展的创新性	14	研究与开发投入占 GDP 比重	加大研究与开发经费投入力度，使经济在不断创新中得到高质量的发展
	15	高技术产业增加值占 CDP 比重	促进科技成果产业化，使技术创新更好地服务于经济发展
	16	专利授权指数	增强自主创新能力，努力掌握核心技术和关键技术
经济发展的稳定性	17	经济增长波动率	将经济波动控制在适当的范围之内，保持国民经济的平稳发展
	18	价格指数波动率	保持价格总水平的基本稳定，促进国民经济持续稳定发展

续表

一级指标	序号	二级指标	目标
经济发展的分享性	19	居民收入增长率	有利于更好地满足人民群众日益增长的物质文化需要，提高他们的生活水平，实现国家经济发展的根本目标
	20	恩格尔系数	使经济发展更多地关注居民生活质量
	21	城乡居民收入比	客观、直观地反映和监测城乡居民之间的贫富差距，预报、预警和防止居民之间出现贫富两极分化

第三节　经济高质量发展的相关理论

一、古典经济增长理论中的经济增长质量相关理论

经济增长质量问题研究的理论渊源可以追溯到英国古典经济学时期，经济学鼻祖亚当·斯密的标志性著作《国民财富的性质和原因的研究》中的核心问题就是探究国民财富的增加，即经济增长。斯密较为系统地论述了经济增长理论。经济增长取决于三个主要因素，这三个主要因素分别是劳动分工、资本积累与市场规模扩大。除此之外，他还注意到技术进步和对外贸易等因素对经济增长的重要影响。在技术进步层面，即使在要素投入保持不变的前提下，技术进步也可以促使资源合理配置，从而提高要素生产效率，提升产出水平，在对外贸易层面，对外贸易既有利于国际分工，又有利于让剩余产品实现价值，从而不仅可以促进商品扩大生产，也可以更好地保护消费者利益；在经济制度方面，斯密注意到提倡重商主义的经济政策与不良政治制度对英国产业发展的阻滞作用，将社会经济制度环境纳入经济增长的影响因素。综上可知，斯密对经济增长动因的分析涉及经济增长质量的主要影响因素，其观点对现代经济增长理论的形成具有重大影响。

18 世纪中叶，古典经济学集大成者英国经济学家约翰·穆勒从收入分配的角度论述了国民收入不均对经济增长的消极影响。他指出，“总产量达到一定水平后，立法者和慈善家就无须再那么关心绝对产量的增加与否，此时

最为重要的事情是，分享总产量的人数相对来说应该有所增加”。“如果人民大众从经济增长中得不到丝毫好处的话，则这种增长也就没有什么重要意义”。若经济增长的成果不能被大众分享，就违背了追求“最大多数人的最大幸福”的道德原则，这种增长便毫无意义，同时也违反伦理原则。因此，只有当经济发展成果由全体国民共享时，才是有意义、有质量的增长。

20 世纪 40 年代，增长经济学家哈罗德和多马根据凯恩斯的就业理论和收入决定论，分别提出极为相似的长期经济增长模型，合称为哈罗德 – 多马模型。哈罗德 – 多马模型主要研究了产出增长率、储蓄率与资本产出比之间的相互关系，并引入自然增长率的概念，即人口增长与技术进步条件下的国民收入增长率，指出只有当实际增长率等于有保证的增长率，且等于自然增长率的前提下，才能实现充分就业，保证经济的长期均衡增长，提高经济增长质量水平。但这种经济均衡只是一种“刃锋上的均衡”，是不稳定的，经济无法自行纠正实际增长率与有保证的增长率之间的偏离，同时还会累积产生更大的偏离。哈罗德 – 多马模型另一个致命弱点是没有考虑技术进步、资本折旧、制度变迁等现实影响因素，因而既不稳定，也不现实。但单就物质资料的生产与再生产过程来看，其对分析社会主义经济增长过程与如何提高经济增长质量，仍具有重要借鉴作用。

二、新古典经济增长理论中的经济增长质量相关理论

美国经济学家 Solow 是新古典经济增长理论的创建者之一。20 世纪 60—70 年代，以 Solmv 为代表的经济学家开创了经济增长要素分析法。Solrnv 突破了古典经济增长理论中长期占据统治地位的“储蓄转化为投资是经济增长的决定性因素”的观点，首次提出“技术进步对经济增长具有重要贡献”的观点，把技术进步单独列项，将之作为经济增长中最有意义、贡献最大的一个因素独立出来，并把劳动、投资与技术进步综合起来考察。他发表的论文中构建了相关模型，把技术进步引起的产出增长与人均资本引起的产出增长区分开来。实际上，技术进步引起的人均产出的增加即是经济增长的质量提高部分。从某种程度上来说，技术进步对人均产出贡献程度越大，经济增长质量水平也越高。

新古典经济增长模型中虽然引入了技术进步率，能够使资本积累过程收敛于经济增长，从而促使经济持续增长，避免哈罗德－多马模型的“刃锋上的均衡”，但是技术进步仅仅作为经济模型中的一个外生变量，并且该理论未对技术进步的来源做出任何经济解释，既不能解释各国人均收入与经济增长率之间的巨大差异，也无法解释导致技术进步率变动的任何机制。尽管技术进步是外生变量，且致使技术进步的因素无法确定，但是对技术进步整体测算的研究仍构成了经济增长质量理论的研究主线，且对后来的研究给予了很大的启发。

第二章　经济高质量发展现状和路径

经济始终是一个国家赖以生存和发展的重要基础，我国凭借经济的高速发展全面建成了小康社会。而经济的发展需要保持活力、创新力和竞争力，这就需要经济高质量发展。对经济高质量发展，我国已经经过了多年尝试。本章介绍中国经济高质量发展现状，然后以广东和湖北为例分析中国经济高质量发展的具体实践。

第一节　我国经济高质量发展现状

党的十九大提出，中国经济已由高速增长阶段转向高质量发展阶段，正处在转变发展方式、优化经济结构、转换增长动力的攻关期。2018 年 7 月 16 日，国家统计局公布数据显示，上半年国内生产总值为 418961 亿元，同比增长 6.8%。此后，各省市也陆续亮出了上半年的 GDP“成绩单”。总体来看，中国经济正在逐渐迈向高质量发展阶段。

一、主基调稳中向好①

从各省份的经济总量来看，“稳中向好”是主基调。和 2017 年同期数据相比，总量前十名的名单没有变化，依旧是广东、江苏、山东、浙江、河南、四川、湖北、河北、湖南和上海市。但排名略有变化，河北被四川和湖北赶超，排名下降。其中，多数省份经济规模迈上新台阶。广东省和江苏省突破

① 王艺璇 . 迈向高质量发展的中国地方经济 [J]. 中国经济报告，2018（09）：4-5.

四万亿大关。紧随其后的山东省上半年 GDP 为 39658.06 亿元，接近四万亿。2017 年，我国有 14 个省份上半年的 GDP 跻身“万亿俱乐部”，2018 年又新增了陕西和江西。

从各省的经济增速来看，变化明显。增速跑赢全国平均速度的省区从高到低依次为贵州、西藏、云南、江西、陕西、安徽、福建、四川、河南、湖北、湖南、宁夏、浙江、广东、江苏以及上海市。北京市与山西省增速与全国持平。其中，贵州一枝独秀，上半年 GDP 增速达到 10%，为全国最高。西藏以 9.8% 的增速位居第二，云南以 9.2% 的增速位居第三。

从地区格局来看，一是东部和中部地区经济稳中有进。这些省区整体表现稳健，基本都跑赢了 6.8% 的平均水平。二是西部地区表现突出。上半年 GDP 增速前三位都是西部省份，并且贵州是全国唯一一个实现两位数增长的省份。三是东北经济趋稳回升。近几年，东北一直是全国经济增速最缓慢的区域，尤其是辽宁经济一度出现负增长，但这一情况在 2018 年出现了改变。尽管东北三省的经济增速依然靠后，但已经出现了趋稳回升的迹象。

传统的宏观经济学理论将经济增长视为由投资、消费和出口“三驾马车”驱动。三者的结构比例、此消彼长以及内在构成决定了经济发展的质量和效率。结合上半年的全国和地方经济数据，可以看出以下趋势。消费支出已成为中国经济发展的主要动力。截至 2018 年上半年，最终消费支出贡献率上升至近 9 年以来的最高点 78.5%。更值得注意的是，自 2016 年 4 月以来，社会消费品零售总额增速连续 28 个月超过固定资产投资增速，表明投资和消费结构优化的态势仍在延续，消费对宏观经济的“稳定器”作用将进一步发挥。地方消费数据充分反映了居民收入增长的提振作用。上半年，福建、安徽、四川、湖北和云南等省的消费增长居于全国前列，增速均超过 11%。与之对应的是，上述省份上半年居民人均可支配收入增速也在全国领先，增速均超过 9%，而同期全国平均增速为 8.7%。从具体构成看，消费支出中很重要的一部分是服务消费。例如，得益于一系列“提速降费”措施的实施，信息消费成为各地消费增长的热点。上半年广东移动互联网期末用户达 1.5 亿户，移动互联网接入流量同比增长 178.6%；湖南电信业务总量同比增长 162.2%，增速较上年同期高 120.2 个百分点。

出口曾经是拉动中国经济增长最重要的因素，现在出口的作用依然重要，特别是在中国东部沿海和外向型经济省份。2017 年，江苏、浙江和广东三省出口增速普遍由负转正，分别较上年大幅提高 19.6、10.2 和 10.9 个百分点。虽然有 2017 年高基数的影响，但 2018 年上半年的出口增速依然保持高位，稳中有升，其中江苏和浙江两省较 2017 年增速分别上行 1.6、6.7 个百分点，广东省出口增速基本稳定。

2018 年以来，各省按照推动经济高质量发展的要求，积极调整经济结构并深入推进新的经济政策，在这一过程中，新旧动能转化持续加快且亮点纷呈，逐步实现了质效并重的经济发展目标。

二、经济高质量发展任重道远

我国经济发展虽取得了巨大成就，但仍存在经济发展不平衡、不充分，经济发展的质量和效益不高等问题，与发达国家仍有明显差距。

（一）微观层面：产品和服务质量不高

高质量的产品和服务是人们过上更高质量生活的物质基础，为满足人民日益增长的中高端需求，政府必须提升供给体系质量，以提供更好的产品和服务。当前，人们最关心的食品、药品、婴幼儿用品等涉及人身安全的产品，大部分还没有建立完善的生命周期质量安全追溯体系，产品质量不合格在广泛领域都还普遍存在。高质量发展在微观层面就是要回应人民最关切的质量问题，并为人民提供更高质量的产品和服务。

（二）中观层面：产业价值链处于中低端

我国制造业大而不强，从全球制造业产业链分布来看，我国无论是在传统工业领域，还是在战略性新兴产业领域，产业定位上还是普遍以加工、装备为主，依靠低成本的价格优势为主要竞争手段，始终处于“微笑曲线”底部，产业链两端价值链更高的设计、研发、金融等环节的盈利能力明显不足，缺乏服务理念的商业模式创新。近年来，我国制造业附加值增加值率约为 20%，远低于发达国家 35% 的水平。高质量发展就是要延长产业链，走出“微笑曲线”底部，迈向全球价值链中高端。

（三）宏观层面：全要素生产率水平较低

当前，主要发达国家增长动力的 70% 以上均来源自以技术进步为主体的全要素生产率，我国以关键基础材料、核心基础零部件、先进基础工艺和产业技术基础为代表的“四基”，长期以来依赖进口，自主研发能力还不强，与发达国家相比还有很大差距，我国全要素生产率只相当于美国 43% 的水平。高质量发展就是要在宏观层面提高全要素生产率，向科技创新、技术进步、科学管理、人力资本素质提升的目标迈进，提高全要素生产率对经济增长的贡献。

第二节　中国经济高质量发展面临的困境

一、中国经济高质量发展面临的现实困境

我国从改革开放以来经济飞速发展，伴随经济增长而出现的负面问题也越来越多，对我国经济高质量发展造成了严重的阻碍，使我国经济高质量发展陷入各种困境，下面主要从四个方面来分析我国经济高质量发展面临的现实困境。

（一）产业高质量发展面临的困境

虽然我国已经从农业大国转变为工业大国，但是产业效率还不够高，远远达不到经济高质量发展对产业效率的要求和相关标准。产业效率低是当前我国产业高质量发展面临的主要困境，具体体现在以下几个方面。

1. 产能过剩，存在大量“僵尸”企业

从 20 世纪 90 年代后半期开始，我国一些国有企业陆续亏损，成为“僵尸”企业，进而引发产能过剩的严重问题。我国“僵尸”企业的地区分布、所在行业及所有制性质具有以下特点。

第一，我国“僵尸”企业主要分布在东北地区、西北地区、西南地区等经济发展水平较低的地区，东部、南部等经济发展水平较高的地区有少数的

“僵尸”企业。

第二，很多“僵尸”企业都来自钢铁业、建筑业、房地产业。

第三，很多“僵尸”企业都是国有企业或集体企业。

持续亏损的国有企业成为“僵尸”企业后，主要靠政府投资维持生存，这就对民营企业的生存与发展空间造成了影响，导致产能过剩的态势越来越严重。

2. 产业层次偏低，产业结构有待升级

我国产业结构与产业层次的问题主要表现在以下几方面。

（1）制造业内部结构不合理

在我国，以工业化为中心的非均衡发展战略实行了很长的时间，生产资料制造业在制造业中所占的比例之所以长期呈上升趋势，就与这一战略有密切的关系。与此同时，国民经济制造业呈现出重型化发展态势，从而降低了生活资料制造业在制造业中的比重，可见，制造业内部结构不合理的问题比较严重。此外，我国加工产业因为区位、廉价劳动力等要素的优势而发展迅速，但其是以原辅料件或零部件的简单加工为主，高加工能力明显不足，影响了制造业整体水平的提升。

（2）服务业占比偏低

与其他经济产业相比，我国服务业经济增长速度比较滞后，不管是人均增加值、就业比例还是增加值比重都不高，这个问题在东部地区尤为严重。我国东部地区经济发展速度快、水平高，在如此良好的经济环境下，制造业发展得很快。因为在国际分工方面，东部制造企业深度参与其中，对国际外包制造业的承接量大，所以出现了“制造业偏好”现象，这就造成了东部地区虽然经济发展好、人民收入水平高，但服务业占比偏低的“怪诞现象”。

（3）服务业内部结构升级缓慢

我国服务业内部存在严重的结构性不平衡，不仅结构升级慢，而且低端产业多，激烈竞争，高端产业严重稀缺，整体呈低端化发展态势。在现有的生产性服务业中，对高新技术的运用并不重视，知识含量低，人力资本含量少，这是导致生产线服务业发展缓慢的重要原因。我国主要依靠房地产业和金融业推动中国生产线服务业发展。与发达国家相比，我国服务业发展严重滞后，差距十分显著。

3. 产品处于价值链低端，利润空间小

我国制造业企业的利润率很低，其平均利润率水平远远比不上世界 500 强制造业。我国处于价值洼地的企业中，制造业企业所占的比重较大。长期以来，我国制造业一直处于价值链低端，以简单加工和组装为主的企业在制造行业中占据较大的比例，产品附加值明显偏低，这在一定程度上与全球碎片化生产有关。

4. 产业创新水平低，产业效率低

现在，我国很多企业沦落为跨国公司廉价代工制造者，直接原因是我国产业自主创新意识薄弱，创新能力偏低，缺乏具有强大竞争优势的品牌创新产品。我国很多企业近年来虽然高度重视提高技术生产率和运用率，但是长期以来对国外技术的被动模仿导致我国缺乏自主开发科技项目的能力，现有技术的超前性不强。虽然建立在模仿基础上的技术创新有一定的优势，如投入少、风险小、能很快进入市场等，但这也造成了严重的问题，发达国家出让技术，长期对我国企业实行技术控制，我国经济发展面临着严峻的市场壁垒和技术壁垒，陷入被动，不利于长远发展。

现阶段，我国产业在创新过程中面临很多问题，如对先进技术的引进缺乏足够的空间，一些行业过度依赖低端路径来规划技术引领发展的路线等。这些问题的存在严重制约了我国产业高质量发展，进而制约了经济高质量发展。

（二）人民生活高质量发展面临的困境

现阶段，我国人民群众日益增长的对美好生活的需要和社会发展不充分不平衡之间的矛盾是我国社会主要矛盾。发展不充分和不平衡的问题在经济领域更加突出，这个问题的存在严重制约了人民对美好生活需要的满足，导致我国人民群众生活高质量发展面临严重的挑战。

下面具体分析我国人民生活高质量发展面临的现实困境。

1. 城乡居民收入差距大

我国城乡居民收入存在明显差距，这个问题长期存在，并且这个差距有持续扩大的趋势。我国城乡居民收入分配不平等的问题不仅很明显，也很严重。整体来看，我国城乡居民收入分配结构呈“葫芦”型，低收入群体所占的比重增加，中等收入群体所占的比重不断下降。

我国城乡居民收入差距既有地区差异，也有城乡差异，如东部经济发达地区的居民收入水平比西部经济落后地区的居民收入水平高，城市居民收入水平比农民收入水平高等。其中城乡居民收入差距的问题在我国各个区域普遍存在，这与我国长期存在的“城乡二元结构”有关，虽然我国已经在扭转这一局面，但是改革进程缓慢，农村劳动生产率还是比较低，城乡经济发展不平衡的问题在短期内难以得到根本解决。

总之，目前我国城乡居民收入分配现状与公平合理的收入分配制度的目标还有很大的差距，这个现状有待于进一步加快改变。

2. 公共服务分配不均等

我国基本公共服务分配不均等、不平衡，存在地区差异和城乡差异，这与我国长期存在的“城乡二元结构”有关，此外，也是受长期推行的非均衡发展战略影响的结果。有关部门实地调查我国主要城市对基本公共服务的满意度后了解到，满意度最高的是东部地区城市，满意度最低的是中部地区城市，居中的是西部地区城市，这充分反映了国内基础公共服务区域分配不均等的现状。这个问题可以从医疗和教育两个方面集中反映出来。

我国城乡医疗资源的配置存在明显差距，城市的医疗资源是农村的两倍多，城市有较为齐全的医疗机构和丰富的医疗资源，在医疗市场基本上居于垄断地位。农村严重缺乏医疗资源，现有医疗设备和医务人员的配置不能满足农村患者的就医需求。农村医疗资源不仅数量少，而且质量差，如医疗设备不够先进，医务人员专业素质不够高等，这都限制了农村医疗服务能力和水平的提升。

此外，我国教育资源的配置存在城乡差距，教育资源在农村地区的配置形态是碎片化的，农村不仅缺乏教学设备，缺乏优秀教师，也缺乏生源，特岗教师占较大的比例，一些教学科目因为缺乏专职教师而长年无法顺利开展，如美术、音乐、信息等。教育的落后继而又会严重制约农村经济的发展。

3. 生态环境恶化，环境污染严重

当前，我国环境污染严重，并且这个问题一直没有得到根本性的解决，导致环境质量整体不容乐观，这在很大程度上是由我国粗放型经济增长模式、产业结构不合理和缺乏绿色科技思维等造成的。

近年来，国家反复强调可持续发展观和科学发展观，强调严格执行可持续发展战略，并出台政策、加大资金投入力度来治理环境，通过宣传环保知识来提升全民环保意识和行动的积极性。经过多年的努力，在环境治理方面取得了一定的成绩，在一定程度上改善了环境质量。尽管如此，环境问题在落后经济增长模式的影响下依然较为严重，环境治理是一项十分艰巨的工程，我们要做好“持久作战”的心理准备。

（三）对外开放高质量发展面临的困境

1. 出口贸易结构不合理

我国出口贸易目前还不具备明显的竞争力，这是由我国出口贸易结构不合理造成的，主要表现在方式结构和商品结构两方面，前者以“两头在外”的加工贸易为主，后者以低附加值的初级加工制成品为主。出口结构不合理严重制约了出口贸易规模的扩大。从我国出口的商品类型来看，比重较大的是劳动密集型产品，而技术含量高、附加值高、档次高的产品却很少，这反映了我国出口商品结构不合理的问题。

2. 出口产品质量低

在“全球生产网络”和“全球价值链”中，我国商品是其中非常重要的组成部分，这主要是因为我国投资环境比较优越，与发达国家相比，我国廉价劳动力多，劳动力成本低。我国在国际市场上比较有优势的产品是劳动密集型产品，与发达国家生产的产品相比，这类产品的品质没有明显差距，总体出口水平与发达国家不相上下。但与发达国家的技术密集型和资本密集型产品相比，我国的同类产品品质较差，处于低端位置，总体出口水平远远不及发达国家。

我国对外贸易缺乏竞争力，主要就是因为缺少拿得出手的一线品牌，缺乏享誉海外的高端品牌。这也是我国高端消费群体对国外高端品牌更为青睐的主要原因。

3. 创新水平低，过度依赖国外技术

现在，我国进口商品结构和改革开放初期相比发生了根本性转变，在以往的进口商品中，大部分是低技术和中技术制成品，而在现在的进口商品中，占比较大的是非农业型初级产品、中等技术工业制成品、高技术产品，并且

这些产品的占比有持续上升趋势。我国进口商品结构的变化反映出我国产业创新水平低，对国外技术过度依赖等问题。

（四）创新高质量发展面临的困境

1. 关键零件受制于人，核心技术创新“空心化”

我国制造业关键零部件的产品开发与设计技术一直以来都没有得到明显的突破，核心技术“空心化”大量存在，很多产业技术的对外依赖度很高，一直处于“受制于人”的状态。核心技术缺失与关键零部件制造能力有限成为中国企业国际市场竞争力弱的主要瓶颈。

2. 专利重“量”轻“质”，创新转化率低

现在我国地方政府基于发展经济和政绩考核的需要出台名目繁多的专利资助、补贴和奖励政策，但企业在专利申请的动机实质上发生了扭曲，导致企业创新活动出现“重专利数量、轻专利质量”的问题。同时，因为项目招标环节缺乏有效监督，再加上法律保护机制不健全，导致真正有价值、质量高且最终转化为创新产品的专利只有极少数。

3. 科研保障薄弱，科研环境较差

我国高校科研基础设施条件较差，资源配置缺乏。科研考核模式过于简单和频繁、项目申报流程烦琐、财务报账周期长等问题耗费了科研人员的时间和精力，增加了科研活动的成本和难度，制约了基础性研究的持续开展。

4. 合作效率低，“产学研”结合质量有待提升

从目前产业发展的整体战略来看，其存在以下缺点：产学研合作结构单一，区域发展不平衡，“点对链式”和产学研合作研究很少，缺乏长效激励和保障机制等。同时，高校和企业在价值取向、思想观念上存在的差距影响了“产学研”合作意识的形成与科研成果的顺利转化。

二、中国经济高质量发展的基本思路

（一）以市场化改革为主要抓手

1. 推进要素市场化改革

继续深化市场化改革，健全资本市场、土地市场和矿产资源管理的制度，

提高要素市场交易的公开透明度。此外，要建立竞争性的劳动力市场，促进人才流动。

2. 转变政府职能，建设服务型政府

在市场化改革中转换政府职能，重塑政府和市场的关系，排除国企发展的制度障碍。此外，建立完善的意见反馈机制和听证制度，在重要决策前广泛征求各方意见，减少利益集团的干预，听取更多阶层的声音。

（二）以提高人民生活质量为主要目标

1. 改革收入分配制度，缩小居民收入差距

深化改革收入分配体制，利用财政政策工具，使国民收入通过二次分配缩小收入差距，提高低收入者的收入水平，增加针对特殊人群和弱势群体的福利项目。

2. 推进基本公共服务均等化

第一，破除阻碍人口自由流动的“城乡二元”体制，建立城乡一体化的基本公共服务制度。

第二，完善地方财政税收体系，改进地方税制不完善的方面，明确中央和地方的事权与支出责任。在提高公共服务比重的同时，注意完善支出结构，向农村教育和医疗方面倾斜。

3. 加强环境监测，建设生态文明

国家通过完善法律来规范企业行为，制订切实可行的环境规制方案来实现环境保护与制造业发展的良性互动。此外，将重污染行业逐步有序淘汰，采用低碳经济发展模式，加大新能源的使用力度。

（三）以新一轮对外开放为重要手段

1. 健全关键设备、先进技术的稳定进口机制

政府应鼓励内资企业大幅增加先进机器设备类等高技术性商品的进口，进行新一轮大规模的技术改造。努力突破西方发达国家对我国关键设备、先进技术的限制与封锁，同时也要大力推动和鼓励国内企业的消化吸收，大力开展自主创新活动，逐步实现高技术产品的进口替代。

2. 提高产品技术含量，优化出口结构

企业加大技术创新投入力度，对传统行业进行技术改造，高效配置资源，在节约资源和环保的原则下，促进加工贸易企业转型。政府应当采取激励措施鼓励企业研发高科技产品，提高产品的增加值，强化品牌竞争意识，打造国际化品牌，促进产业结构的根本性优化。

3. 提升出口产品质量

加大企业研发力度和人力资本投入力度，提升本土企业的创新能力，提升品质竞争力。打击出口假冒伪劣产品的违法行为，加大对不诚信企业的惩罚力度，提高中国产品的信誉度。①

（四）以创新驱动为第一动力

1. 提高专利质量，提高创新效率

不断健全企业专利申请质量评价机制，要注重对申请专利的企业进行多方面的考核，考核内容主要包括专利数量、商业化和市场化的产品数量、市场开拓潜力、市场组织新形式以及供应来源的丰富性等。此外，还要大力保护知识产权。

2. 完善科研保障体系

第一，加强对科研人员的专业培养，促进专业科研人员业务能力的提升，促进其自我价值的顺利实现。

第二，政府从财政上大力支持基础研究，设立激励相容机制并不断完善，同时在高校、科学家、科研机构、企业之间构建长期稳定的互动机制，并支持该机制的运作。加强对科研经费、科研人员等科研资源的科学管理，完善科研项目从申请到决策的相关机制，提高科研效率。

3. 促进“产学研”紧密合作，加快成果转化

政府应该从多角度、多渠道、多层次支持“产学研”合作，引导企业与研发水平较高的科研机构、高校建立稳定与和谐的合作关系，对“产学研”结合平台进行积极建设，促进“科研—转化—效益—科研”的科研产业链的快速形成与高效运作。

① 余泳泽，胡山．中国经济高质量发展的现实困境与基本路径：文献综述[J]．宏观质量研究，2018，6（04）：1-17.

第三节　经济高质量发展的路径

一、坚持贯彻落实新发展理念

中国正处于社会主义初级阶段，为实现第二个百年奋斗目标，必须促进中国经济高质量发展。习近平总书记在党的十八届五中全会第二次全体会议上提出创新、协调、绿色、开放、共享的新发展理念。新发展理念的提出对冲破当前中国经济发展所面临的困境，增强内在发展动力，具有非凡的指导意义。

创新发展需要创造出促进经济发展的、符合时代要求的新颖改进或新的事物，就是要在体制、技术、社会观念等方面进行不断的创新和与时俱进的发展，以释放新的活力与动力，创造出新思维、新技术、新产业、新产品、新的增长点，以创新提高产业经济发展优势。

协调发展要有整体意识，要有统筹全局视野，重点关注短缺之处，着力解决社会经济发展中的失衡、欠缺以及断续等问题，在协调发展中开拓发展的空间，补足发展短板，尤其是要缩短区域间、城乡间、行业间、产业间的发展差距。

绿色发展就是走低碳、低消耗、低排放、高产能且与自然生态环境中的各个要素协调共进的经济发展之路，就是将生态文明建设贯穿社会经济发展的各个方面与全过程。良好的生态环境是社会经济发展的基础，能够为产业转型升级和经济可持续发展提供有力的外部环境支持。生态环境恶化会使自然生态环境承载力降低，则必然会严重限制社会经济发展，必然导致经济发展的可持续性、质量、活力以及潜力受挫。因此，保护生态环境就是保护生产力，改善生态环境就是发展生产力。

当今经济已经高度全球化，世界各个国家与地区已经紧密联系在一起，是一个不可分离的生命共同体。高质量的对外开放，不仅能够促进世界经济的发展，而且能够为中国社会经济发展注入新活力与新动力，提高中国经济发展水平，释放强大能量，使中国深度融入全球技术链、产业链、创新链、价值链中。

共享发展就是要始终把人民幸福作为一切发展的出发点与落脚点，将解决物价、医疗、教育、就业等问题作为重点，坚持发展成果由人民共享。

综上所述，推进中国经济高质量发展，就要持续地、高效地、有力地在经济发展中融合创新、协调、绿色、开放、共享的新发展理念，使其成为经济高质量发展的内在动力。

二、坚持以供给侧结构性改革为主线

党的十九大报告明确指出，必须坚持质量第一、效益优先，以供给侧结构性改革为主线，推动经济发展质量变革、效率变革、动力变革，提高全要素生产率，不断增强我国经济创新力和竞争力。这一阐述表明供给侧结构性改革能够为中国经济高质量发展提供源源不断的动力。因此，高质量发展要紧紧把握住供给侧结构性改革主线，使之贯穿宏观调控的全过程；要不断地深化改革、激励创新创业、提高生产效率，确保经济实现稳定合理增长，保障供给体系质量。此外，还要提高供给的精准性、灵活性以满足市场以及人民个性化、动态化、差异化需求；要在发展中不断地补足短板，要不断地使资源向高端产业以及优质企业聚集，淘汰高污染、高耗能、高排放的低端过剩产能；要不断简化审批制度，提高经济运行效率；要不断地加大创新型人才培养的力度。

三、“数字经济”助推经济高质量发展

数字经济是在农业经济、工业经济等传统经济之后所发展形成的新型经济形态，[①] 它是以数字化的知识和信息作为关键生产要素，以现代互联网信息网络作为重要载体，以信息通信技术作为推动力提升效率，并且已经成为驱动全球经济社会发展和技术变革的主导力量。[②] 数字经济正在全球蓬勃发

① 裴长洪、倪江飞、李越．数字经济的政治经济学分析 [J]. 财贸经济，2018(09).

② 世界银行．《世界发展报告：数字红利（2016 年）》[M]. 清华大学出版社，2017.

展，不仅推动着新一轮的科技革命和产业革命，也促使人类生产力、生产关系以及经济社会结构的全方位变迁。[①] 党的十九大报告提出，要实施国家大数据战略，构建以数据为关键要素的数字经济，加快建设数字中国的发展战略。在 2019 年中国国际数字经济博览会开幕式上，习近平总书记在贺信中强调，当今世界，科技革命和产业变革日新月异，数字经济蓬勃发展，深刻改变着人类生产、生活方式，对各国经济社会发展、全球治理体系、人类文明进程影响深远。世界经济论坛评估认为，数字化程度每提高 10%，人均 GDP 就增长 0.5% ~ 0.62%。[②] 因此，大力发展数字经济是促进新旧动能转换、产业转型升级以及创新发展的新机遇，是推进经济高质量发展的必然选择和基本路径。[③] 数字经济对构建现代化经济体系具有重要支撑作用。随着科学技术的飞跃式发展，云计算、人工智能、电子信息技术、大数据以及物联网等高新技术的兴起，推动着数字经济的快速发展，对生产、生活以及精神文明都产生了重要影响。数字经济是技术创新、产业改革等的新引擎，能够通过数字信息技术应用对传统产业进行赋能，进一步促进经济快速发展。通过“互联网 +”、大数据、人工智能等，数字技术与制造业相互融合，能够更进一步地促进产业转型升级，构建数字产业化和产业数字化生态体系，对完善智慧经济理论体系与现代化经济体系具有重要的支撑作用。

中国数字经济虽然得到一定程度的发展，但尚未成为中国经济发展的核心内容并占据绝对优势。数字经济蓬勃发展，对中国来说既是机遇，又是强有力的挑战。要实现经济高质量发展，必然就要重视数字经济，持续实施网络强国、数字中国战略，推进生产智能化、产业高端化，坚持不懈地创新与发展出具有竞争力的数字新技术、新产业、新形态、新模式等，充分发挥数字经济“重要基石”的作用。

四、大力推动海洋经济高质量发展

2001 年，联合国提出“21 世纪是海洋世纪”后，沿海国家对海洋的重视程度日益增加，而海洋经济发展水平是经济高质量发展水平的重要体现。

① 刘淑春. 中国数字经济高质量发展的靶向路径与政策供给 [J]. 经济学家，2019(06).
② 刘淑春. 中国数字经济高质量发展的靶向路径与政策供给 [J]. 经济学家，2019(06).
③ 兰建平 . 数字经济引领高质量发展 [J]. 浙江经济，2019（09）.

早在2013年，习近平总书记在中共中央政治局第八次集体学习会上就对建设海洋强国战略提出，提高资源开发能力，着力推动海洋经济向质量效益型转变；保护生态环境，着力推动海洋开发方式向循环利用型转变；发展海洋科学技术，着力推动海洋科技向创新引领型转变；维护国家海洋权益，着力推动海洋权益向统筹兼顾型转变的“四个转变”。在参加十三届全国人大一次会议山东代表团审议时，习近平总书记明确提出，海洋是高质量发展战略要地，要加快建设世界一流的海洋港口、完善的现代海洋体系、绿色可持续的海洋生态环境，为海洋强国建设做出贡献。习近平总书记在致2019年中国海洋经济博览会的贺信中指出，海洋对人类社会生存和发展具有重要意义，海洋孕育了生命、联通了世界、促进了发展，要加快海洋科技创新步伐，提高海洋资源开发能力。习近平总书记深刻阐释了海洋对人类生存与社会经济发展的重要意义，指明海洋经济高质量发展是推动中国经济高质量发展的又一重要途径。

从全球视野观察，海洋在沿海国家的经济、政治、社会、文化等方面的建设中都占有重要地位。充分发挥海洋优势资源，促进经济高质量发展，是世界海洋大国发展的必然趋势，也是适应全球化条件下资源利用、产业发展以及区域协调发展需要的重大举措。党的十九大报告中明确指出，要坚持陆海统筹，加快建设海洋强国。大力推动海洋经济高质量发展，促进海洋强国的建设进程，是沿海省市产业经济发展的重要内容，更是不可推卸的责任。

中国高度重视海洋经济高质量发展。《全国海洋经济发展“十三五”规划》对优化海洋经济发展布局、推进海洋产业优化升级、促进海洋经济创新发展、加强海洋生态文明建设、加快海洋经济合作发展、深化海洋经济体制改革和保障措施共计七个方面进行了全面论述，为海洋经济高质量发展做出了详细的部署。为充分调动沿海省市建设海洋的积极性，2018年国家发展改革委、自然资源部联合发布了《关于建设海洋经济发展示范区的通知》，支持山东威海、江苏连云港、福建福州、广西壮族自治区北海、天津临港、广东湛江、海南陵水等14个地区充分发挥本地科技、能源以及区域优势，建设具有地方特色的海洋经济示范区，并因地制宜地明确了各个示范区的建设目标与主要任务。[①] 共建“一带一路”和“21 世纪海上丝绸之路”倡议，《粤港澳大湾区发展规划纲要》和《关于支持深圳建设中国特色社会主义先行示范区的意见》等，以及自然资源部与深交所签署的《促进海洋经济高质量发展战略合作框架协议》等，都为海洋经济高质量发展提供了政策支持。

此外，各个地方上也为此进行着不懈的努力。大连市为建设和完善现代海洋经济体系与创建国家海洋中心城市，不断加快传统产业优化升级，制订重点战略性新兴产业集群式发展建设方案，发展信息技术服务产业集群和智能制造装备产业集群等新兴产业；加大“破、立、降”力度，淘汰落后产业，促进“一网、一门、一次”改革全面推进，提升政务服务网络办理效率；实施“放管服”改革，提升服务力度；深入实施创新驱动发展战略，与高校、研究结构等合作打造科技创新平台，构建支持科技创新全链条，涵盖平台建设、人才引进、技术转化等各方面的政策体系。此外，大连市还不断地提升对外开放水平，顺利完成辽宁自贸区总体方案，其中“保税混矿监管模式”“进境粮食全流程监管”入选国务院自贸区改革试点经验，“船舶融资中心助力东北亚航运中心建设”入选中国自贸区十大创新成果。[②]

在习近平新时代中国特色社会主义思想指导下，中国海洋经济稳定发展，海洋生态逐渐得到改善，海洋经济质量得到提升。根据自然资源部发布的《2019 中国海洋经济发展指数》显示，2018 年中国海洋生产总值达到 83 万亿元，较 2011 年增长 83%，海洋对国民经济的贡献率连续 8 年保持在 9% 之上。在海洋产业结构上，2018 年海洋第三产业占海洋生产总值的 58.6%，连续 6 年保持“第三产业 > 第二产业 > 第一产业”的态势。此外，海洋开发进一步扩大，包括海洋就业人员、渔民人均收入以及海洋学习、休闲等人均占有空间场所，海洋生态环境保护水平、海洋发展潜力等都得到明显提升。

虽然海洋经济发展取得一定的成效，但海洋经济高质量发展仍然面临科技创新不足、开发粗放式、协调和公共服务能力不足等问题。未来发展海洋经济仍要处理好与陆海统筹、生态环境保护、海洋资源开发利用、政府和市

① 国家发展和改革委员会、自然资源部. 关于建设海洋经济发展示范区的通知 [J]. 中国食品，2019（1）：190.

② 国家发展改革委. 大连沿海：建设现代海洋经济体系，创建国家海洋中心城市 [J]. 中国经贸导刊，2020（01）.

场、部门与地方、整体与局部以及国内与国际等的关系。[①] 此外，要深化海洋产业结构改革，构建与完善海洋经济产业体系；要治理海洋环境污染，促进海洋经济与自然环境的协调发展；要不断地实施科技兴海战略，提供政策以及金融支持；要持续推进海洋高水平的对外开放和“走出去”[②]

① 王宏 . 着力推进海洋经济高质量发展 [J]. 学习时报，201911（22）.

② 韩增林，李博 . 海洋经济高质量发展的意涵及对策探讨 [J]. 中国海洋大学学报，2019（05）.

第三章　经济高质量发展与科技创新

第一节　经济新常态下的科技创新驱动机制

创新是一切发展的动力。以创新为核心的发展内容涉及多个要素，主要包括科技、市场、产业、企业、产品、人才、管理方式等，其中最重要的是科技创新，其引领了其他内容的创新发展。创新驱动发展战略的核心是科技创新，其对经济发展起着绝对性的作用，并可以通过创新的作用来转变发展方式、调整发展结构，实现经济可持续性发展。

一、科技创新驱动的理论依据

经济学理论是国家文化软实力建设的重要组成部分。在经济学理论创新中，要正确看待经济理论的共同价值与本土价值，以开放的精神、求实的态度，吸收一切有利于我国经济发展的理论成果，构建符合中国国情、具有国际竞争力和强大吸引力的中国特色社会主义经济学体系，这将有利于增强国家文化软实力。

（一）经济发展方式的创新

想让创新助推经济的发展，想让创新成为经济发展新的驱动力，就需要提高科技水平，提升劳动者素质，提升管理者管理水平。创新在经济当中的应用对经济发展产生的驱动主要体现在文化创新方面、科技创新方面、商业模式创新方面以及制度创新方面。在上述内容中，与发展全局息息相关的核心内容就是科技创新。

要想让创新驱动经济发展，就必须对经济发展的方式进行改变。我国在过去的很长一段时间对经济增长的推动都是借助物质要素进行投入的，这个阶段的要素驱动是典型的由投资带动的。我们的资源和环境都是有限的，采用这样的经济增长方式难免会触及其极限。当下，物质资源不仅逐渐趋近极限，低成本的劳动力供给表现出明显不足的态势，我国的经济发展要素驱动也开始发生转变，由过去的投资驱动和要素驱动逐渐向创新驱动转向。这里提到的驱动，从概念上来说，指的是对经济增长进行推动的主要动力。

我国目前的新发展理念包含创新、绿色、协调、开放、共享，其中创新稳居第一位，同时也是其他四个理念的引领者。

1. 创新引领发展方式转变

对发展方式进行转变离不开创新。创新，尤其是自主创新，是转变经济发展方式的一个重要抓手。

第一，对我国的经济增长来说，目前我国的资源容量难以对其进行支撑，因此一定要寻找对经济增长进行驱动的新动力。实际上，所谓“创新”就是对新的发展要素进行创造，或者说在物质要素的投入方面进行节约，使要素的使用效率得到有效提升。所以，采取创新作为驱动力，不仅可以使物质资源的投入得到有效降低，经济也能得到增长。

第二，目前我国的产业结构处在低水准阶段，在国际竞争力方面还有所欠缺，因此，对产业创新的能力必须进行提升。产业的创新能力和国家的竞争力息息相关，作为创新的着力点存在，我们必须依靠科技和产业创新来推动产业的转型，使其向中高端方向转换，才能在世界经济科技领域占据一席之地。

2. 创新引领技术模式转变

对发展进行驱动的科技是先从外部产生的，而后才转为内生，在这种转变的发生同时需要技术进步模式发生转变。我国长期以来对发展进行驱动的那些先进技术大多是外生的，如从外部引进其他国家的先进技术或者模仿先进技术。我国主要的先进产业基本是做产品的加工或者产品代工的，这一类型的技术创新都是在我国范围内对国外创新技术的一种扩散，但这并不是掌握了关键技术、核心技术，因为相关新技术在国外其实已经发展成熟。所以，这一类型的技术创新最大意义虽然能够缩小与国际技术水平之间的差距，但是距离进入国际前沿行列仍有差距。

目前，我国已经是全球第二大经济体，在对新技术进行自主研发方面有了一定的能力，应立足全球对创新进行谋划和推动，对集成创新、原始创新、引进消化吸收再创新的能力进行提升。

3. 创新引领发展新经济

观察经济的发展史，可以发现每个历史时期都有新出现的技术、新形成的产业，都会产生新的发展动能，这些新生事物被称作“新经济”。随着时代的发展、技术的创新和进步，必然会出现新经济，经济的发展必然会产生新的动能。1980 年，“新经济”概念横空出世，它主要涉及以信息技术发展为主要内容的美国信息产业，以及与之相关的信息经济，它彻底改变了人们日常生活以及工作学习的方式。

新经济的出现不仅让人们获取信息的来源更加丰富，还使企业进行信息交换更加方便，让消费者之间的信息交流有了更多的方式。在人们的生活中，涌现出了越来越多的新型经济方式，在线教育、在线交流、在线新闻、在线交易、在线娱乐等成为人们主要的经济活动。

作为一个新兴产业，新经济因为互联网和智能技术的发展才得以产生。它渗透到了多个领域，如商业和高科技制造业、智能制造、大规模定制生产等。在新经济时代，我国必须掌握核心技术，占据压倒性优势，为我国的经济发展和经济转型提供新动力。

4. 创新引领经济新常态

创新引领经济新常态有以下三个迹象：一是转变速度，增长速度从高速转向中速，发展方式从规模和速度向质量与效益转变；二是优化创新结构，调整优化现有的经济结构；三是动力转变，发展动力需要转变为以创新为主，摒弃之前的以劳动力和资源为主等因素。我们需要让创新成为当今发展的主要驱动力，让创新引导质量的提升、效益的增长，实现整个经济结构的完善和升级。特别是我们实行的供给侧结构性改革，需要依靠技术创新才能完成，才能达到理想的改革效果。

总而言之，根据创新发展的发展思路，经济发展不仅要对当前的发展资源进行科学的规划，还要继续开发新的资源，不断地解决当前遇到的发展阻碍和瓶颈问题。对新资源的创造来讲，涉及新能源的创造、新材料发现、新技术开发等技术创新，也就是发展创新型经济。

（二）激发体制机制的创新

1. 孵化和研发新技术

创新驱动的重要环节是孵化和研发新技术。众所周知，技术进步的路径源头为科学发现，在这一路径中，最为重要的环节就是研发和孵化新技术。在这一环节当中会产生很多新的产品，因此，对“产学研”协同创新平台来讲，这一环节是根本、是基础，也是创新投资的重要环节。但是，这个环节虽然有它的不足——风险比较高、成功率比较低，但是可以获得的潜在收益还是非常高的。

过去对企业创新能力的衡量通常以销售收入中的企业研发投入比重作为指标，发展将企业作为源头的技术创新模式。目前的科技创新模式最为突出的是以科学发现为源头的模式，所以，衡量一个地区能否走向创新驱动型经济，关键是其阶段指标逐渐转为拥有多少金融资本来进行新技术的孵化。

2. 企业成为技术创新主体

如果一个技术的进步模式是以企业创新为源头的，那这个模式中的导向多数为市场，研发过程也可能在企业内部进行，新技术的采用方式为模仿和购买。我们需要着重强调一点，企业也应该参与科技创新，并且是以创新主体的身份开展科技创新活动。

科技创新有很多主体和对象，不是由单一主体完成的，而是产、学、研各个主体的合作成果。在“产学研”协同创新中，企业应当作为主体引导整个创新，并投资新技术的研发和孵化。在企业中，创新组织者的存在是企业成为创新主体的前提。在创新理论中，企业是实现创新的主体，企业家承担着创新职能。

以大学知识创新和企业技术创新两大系统为基本，集成协调新技术孵化活动中的多主体组织就是科技企业家的职能。“产学研”合作创新是以企业家向科技企业家转化为主观条件的，只有企业家拥有了相应的知识，才能够明确科技创新的方向和知识产品的开发方法。

3. 建立集聚人才的制度

科学技术如果是第一生产力，那么第一要素就是人才。除了高端科技人才、高端管理和创业人才，拥有特殊技能的工匠都属于驱动创新的人才，所以创新投资应将人力资本投资作为重点。

高端人才会被产业高地所吸引，其又会反过来创造产业高地。以下是高端创业创新人才集聚需要解决的两个突出问题：首先，对国际高端人才的引进。这需要调整对国际要素的引进和利用战略，过去增长是重点，资本牵引着增长要素的走向，因此，外资的引进需要被关注。如今，创新成为重点，人才牵引着创新要素的走向，所以要关注高端产业创新人才的引进。其次，对低成本发展战略认识的改变。在发展中国家低劳动力和土地成本上是低成本战略理论的强调内容，虽然在贸易领域这种低成本的比较优势能够产生效益，但并不适用于创新型经济。要想创新，就必须增加人力资本的供给，因为只有低素质劳动力才会被低价位的薪酬吸引，而高端人才只会被高价位的薪酬吸引，进而为高薪酬企业创造竞争优势。

4. 知识产权保护与新技术推广

新技术和新知识有溢出效应。全社会是创新驱动经济发展的对象，所以除了要求新发明转化为某个企业的新技术，创新驱动还包括成果的自主创新，并推广于全社会。与物质要素不同，知识和技术等创新要素的使用存在规模报酬递增特点，所以必须要广泛地使用新技术和知识。要想确立驱动经济发展，就必须使自主创新成果应用于全社会。

在创新即创造性的过程观点中，各个企业会在较强的市场竞争机制中对先进新技术争相采用。除了对创新者的权益加以保护，严格知识产权保护制度的实施也能对创新成果的扩散进行推动，从而创造知识产权价值。另外，还有两个方面的建设是创新成果扩散于全社会的需求：一是让公众学习多样化的知识，掌握多样的技能，进而形成学习型社会；二是将新技术和新知通过通信网络与计算机向外传播，进而形成信息社会。

5. 促进构建创新驱动体制

体制的保障对科技创新和创业是必要的。科技创新创业不仅需要市场机制，还需要激励性体制，具体包括创新成果与产业、经济和科技、创新项目和现实生产力等，这一新的机制能够推动创新成果的研发和产业化。

在机制的设立方面，创新型政府的建设十分重要，这样的政府能够对创新能力进行集成。想要实现创新驱动，就需要先进行制度的创新，而制度的创新需要政府来完成。传统的市场经济理论把政府的作用排除在经济发展之外，而是创新的引入十分需要政府的引导和介入。因此，政府是重大科技创新计划制订的主体，代表社会为创新的社会成本买单，并借助公共财政来投入此类创新。

（三）创新经济学的重要概念

从经济学分析，创新同样需要研究创新投入与效益之间的关系，要尽量找出创新的特点，遵循创新的相关规律，努力追求创新的原创性，同时也要注重创新的多元化，寻求高质量创新。

我们可以通过学习借鉴来完成创新，不仅要对创新的未来做出战略部署，也要针对当下的创新需求快速地进行创新研究。除此之外，我们还需要号召大众进行创新，让所有人积极参与到创新当中来。要让所有人都参与到创新中，首先要让他们了解一些创新经济学中的概念，以下进行简要介绍。

1. 知识创新

知识创新主要涉及两个方面：一个是基础知识的研究，一个是应用知识的研究。进行知识创新，我们可以发现之前从来没有被探索过的技术和知识。

对创新来讲，知识创新非常重要，它不仅可以发现新的事物规律、新的理论性方法，而且知识创新是进行后续技术创新的前提。不仅如此，一切新技术、新发明的出现都离不开知识创新。

换句话说，正是因为知识创新的存在，技术才能飞速进步，经济才能实现增长。知识创新为人类打开了新的大门，让人类可以了解更多的知识和理论，以更多的方式去创造世界、改变世界。可以说，人类在创造世界的过程中离不开知识创新这一动力的支持。

2. 创新型经济

创新的内容主要包括集成创新和原始创新，具体步骤为先引进内容，随之消化内容，然后再吸收其中的精华，最后一步是进行再发明。

创新型经济就是利用知识、技术、企业组织体系等诸多创新要素，对现有的物质要素以及有形要素进行重组，再通过创新技术和知识来转化物质资本，从而让科学管理得到进一步加强。创新型经济响应了环保节约的需要，聚焦新产品和新技术，专注自主知识产权，支持人才发展，在创新的驱动下促进经济的发展。

3. 科技创新

企业进行的创新是一般所说的技术创新，而现在从源头上发生了改变，创新转向了科技创新。如今，科学发现是大多数技术进步的来源。新技术会由新发现的材料、技术上的突破而产生。这种科技进步模式的基础是科技创新，源头是科学发现，反映了紧密衔接的技术创新和知识创新，从根源上改变了技术进步的路径。

4. 国家创新体系

经济合作与发展组织（organisation for economic co-operation and development，OECD）在对知识经济时代特征进行总结时，提出了“国家创新体系”的概念：创新需要带动企业、科学机构、实验室和消费者等不同行为者的交流，并反馈在产品开发、科学研究、生产制造、工程实施等方面。所以，创新就是互动和交流的产物。国家创新体系就是上述的整体。

国家创新体系加快建设主要涉及两个方面：一是加强构建技术创新体系，技术创新体系的创新主体是企业，企业的发展受市场的影响，企业进行技术创新可以联合高校和研究院；二是优化知识创新体系，加强前沿技术的研究、基础技术的研究、公益技术的研究，努力走向科技发展战略的最高点。

5. 产业化创新

中央经济工作会议在 2014 年底提出，在新的增长点的培育和形成方面更多依靠产业化的创新，切实将创新成果转化为创新活动。产业化创新存在于产业和科技创新之间，是产业创新的动力。在实践中，“产业化创新”的概念体现在作为产业创新和科技创新的连接点或将方向与理念提供给科技创新上。

产业化创新重视新增长点的培育，致力于将科技创新的成果直接向新产业和技术转化，将供给和市场需求连接起来。除此之外，机制对产业化创新更重要，机制能够有效地衔接科技创新和知识与技术创新。

6.“产学研”协同创新

当前，科学创新主要来源于知识创新以及科学发现，如果想要快速地进行创新，那么不仅依靠企业这一单一主体，还需要联合学校、科学研究所的专家进行共同研究，这就要求进行“产学研”协同创新。当前“产学研”协同是指高等学校、企业和科研院所之间的合作，合作中的技术需求方为企业，技术供给方为高等学校或科研院所。

本书使用了三个“产学研”协同创新的概念：一是新技术的创新和研发需要产、学、研所有主体的积极努力、积极参与，构建可以开展“产学研”共同研究的平台和机制；二是协同科学研究、人才培养和产业发展三方功能；三是合作创新如果拥有了组织，就能够更快地生产出创新成果，因此，大学和企业要共同建立组织。除了研发共同体，大学和企业之间也要建立起利益共同体，二者互利共赢。

“产学研”相结合不一定是在企业中建立研究机构，更重要的是机制的建立，重点促进知识转化为生产力和知识创造之间的融合，不仅要解决当前研究院和高校开展的课题转向商业化应用的问题，还要解决企业在高科技研究方面的投资问题。

7.商业模式创新

商业模式创新是指企业为了适应市场环境，通过科技创新成果来调整市场行为、市场关系和经营组织架构，最大限度地发挥创新成果的市场价值是其目标。

商业模式创新通常涉及的内容包括：一是供应链的创新，这与创新供应商关系和整合供应链的各个环节有关；二是对产品与服务价值的主张进行改变，即对现有产品的价值进行延伸或对新的服务和产品进行开发的主张；三是寻找新的市场，创新目标客户。

8.科技金融

资金对科技创新来说是必要的，因此需要深度结合金融与科技。科技金融的实质是在其主体中纳入各类金融机构，其中包括商业性银行。科技金融有两个方面内容：一是直接的科技金融，这种资金的提供者通常为风险投资家，涉及股权融资和交易市场；二是间接的科技金融，与银行提供的信用相关。二者在现实的经济运行中是互相融合的。

同时在直接的科技金融中也会存在一定的间接科技金融，如风险投资家也需要通过银行进行融资，并投入科技创新中。

9. **产业创新**

产业创新的重要性不仅体现在其本身的良好发展前景和高效益上，也体现在一个国家和地区的竞争优势是其产业竞争力上，国家和地区的产业升级与创新能力就是其竞争力。

整个产业结构都会在创新的新兴产业带动下而优化升级，所以在某个时期，一个国家和地区的竞争优势和竞争力主要在于其本身是否有这个时代在地位上领先的新兴产业，这标志着拥有领先的竞争力。

除了战略性新兴产业的发展，产业创新还涉及传统产业的创新。创新驱动对传统产业的发展来说也是必要的。

二、科技创新各个阶段的驱动主体

（一）知识资本

知识资本是新技术孵化的核心内容，是指知识转化为技术，而非知识的创造。在新增长理论中，对知识资本的作用予以了明确规定——知识在增长模型中是独立存在的，且现代经济增长是建立在知识的积累基础之上的。知识对自身和资本、劳动力等生产要素都会产生递增效应，从而促进了递增收益的实现，让整个经济出现递增效应。

引导性投入是促进知识形态的资本向新技术转变的重要因素，从本质上来说，是通过知识产生对资本的吸引力。引导性投入不仅涉及研发投入，还涉及政府投入，之所以产生这样的现象是因为科学发现与新技术有明显的外溢性特征，它们能够将社会生产力提升到一个较高的水平。新技术的孵化需要承担一些风险，并非所有的孵化都会有所成就，为此减少了很多的私人投资活动，这也体现出了政府参与的必要性。政府是代表社会利益的，对知识生产和新技术研发有着不可推卸的责任。同时政府对孵化新技术环节的重视也有利于科技创新的转化，不过政府在新技术孵化时只能引导，不能强制企业进行投资。

（二）风险资本

科技创业要打造的是以科技为主的企业，必须具备构成企业的基本元素，如企业资本、劳动力。与其他企业不同的是，科技企业的创设还需要知识专利和技术知识，这是企业能够成立的前提。通常情况下，科技人员想要创建科技企业，代表其已经掌握了知识和技术，但是可能没有资本。科技企业创业的风险比较高，同时又可能带来高收益，所以得到的基本都是风险投资。与其他企业不同的是，科技企业是通过知识、技术来吸纳资本，其会受到知识产权和技术的决定性影响。硅谷之所以能够成为全球知名的高新科技园区，不仅是因为它建立在大学城旁边，它还拥有很多的风投公司，风险投资对科技创业也是非常重要的。

目前，我国对科技创业是非常支持的，但是更多的还要依赖风险投资。即使政府投入很多资金，但是仍然需要参与市场运作。如果没有风险投资活动的支持，就不会诞生科技创业活动。虽然对创业进行投资有很多的不确定性，但是投资者们追求的并不是成为新企业的股东，他们通过股权的转让来获得高额利润，然后再去投资新的创业企业。也正是因为有这些风险投资者的存在，所以现在的经济市场才充满创新活力。

（三）科技企业家

在科技创业发展到利用新技术指导高新技术产业化的整个过程中，企业家的影响也越来越显著。科技创业不仅要做好科技创新活动的组织工作，更要做好企业经营和市场活动等。科技创业具有团队性，并集聚了大量的专业人才，如市场人才、销售人才以及经营管理人才等，因此，可以说科技创业是大型的综合性活动。

将科技创业的企业家统称为“科技企业家”是为了将其和普通的企业家区分开来，这类企业家既要具备一般企业家的素质，又需要具备更广阔的视野和科学家素质。

（四）创新成果

创业让企业可以享受到创新成果，并将其潜在价值予以充分的挖掘，经过不断创新来实现创新成果的商业模式创新和改进，让创新成果本身的价值有所提升，这也是对高新技术产业化发展的一种促进。

以物质资本为核心的企业一般都具有明确的目标，也就是追求最大化的利益，如果企业是依赖科技成果建立起来的，那么就会体现出以下不同。首先，资本构成是丰富的，包括知识资本、人力资本、风险资本；其次，创业依赖的是整个经营团队企业，融合了创业和创新，所有的参与者不仅要在创业过程中显现出自己的价值，也会共同享受创新带来的价值。

创新成果的共享源自共享创新的信息资源基础，而企业整体价值、企业创造的整体创新成果会对所有参与者的收益产生影响。所以，所有的创业者只有以科技创新成功和企业整体价值的提升为目标，所有的参与者，包括风险投资者，才能从企业上市或者企业股份转让获取的企业整体价值提升中获得收益。如此一来，科技创业企业不是简单地追求利润最大化和经营规模最大化，而是看重其创新价值。以某项创新成果为基础进行创业是科技创业企业的主要特征，并以实现其成果价值为运行基础，不过在企业成立后，不会局限于这一项创新项目，而是不断地对新技术进行研发。

三、创新驱动经济发展的方式转变

经济发展在不同的阶段有不同的特点，所以，不同阶段的经济发展依赖的动力也是有差别的。

（一）要素与投资驱动的转变

我国的经济增长主要依赖的是物质投入，所以，我国当前的经济发展处于投资驱动阶段。虽然我们一直在提倡技术创新，但是技术创新对社会经济发展产生的影响还是比较微弱的。经过不断的努力，在我国的经济资源供求之间发生了很大的变化。如果长期使用物质要素投入带动经济增长的发展模式，那么未来的发展必然就会遇到一定的困难，面临着经济发展的局限性。

我国经济增长正在朝以创新为主导的方向转变，不再以投入资源为主，本质上需要打破上述经济发展的自然局限，为经济发展拓展新的局面。在当今情况下，经济增长已经具有向创新发展转型的相应条件。

从世界范围看，科技日益成为经济社会发展的主要动力，创新引领发展是发展趋势。新的科技革命和产业变革正在发生，全球科技创新到了关键时期。随着新技术出现，劳动密集型经济开始被取代，这都是经济社会发展的大势所趋。

我国的经济技术发展潜力巨大，GDP 总量自 2010 年以来第一次领先于日本，工业化发展进程到了中期阶段。人均 GDP 已经和中产阶级国家相当，我国已经成为全球第二大经济体。在这种情况下，我们要增强危机意识，抓住机遇，适时调整发展战略，把创新作为新的发展重点。

推动经济发展的创新举措在科技创新中层出不穷。科技创新除了需要注重科学研究，更应该注重科学在相关领域的应用，即将科技成果转变为新技术的可能。随着社会的发展，科学因素开始被人们有目的地加以利用，并以前所未有的规模应用在生活中。在现代经济学中，创新有了新的定义，即它在科学的发现和应用中得到了明确的定义，创新意味着新的工艺或产品成为世界某处的新生产方式。

转向以创新为主导的举措是经济发展方式的关键。通过新知识与新发明的结合，各种物质要素增强了创新能力，这些创新举措减少了物质资源投入，从而实现了经济增长。

（二）供给侧结构性改革

供给侧结构性改革是为了提高供给效率，为供给体系提供质量更加优质的产品，让经济增长有更强的动力支持，从根本上提升社会生产力的总体水平。

我国的经济增长速度之所以从高速转向中速，其主要原因是低成本劳动力以及资源供给的推动力有所消退，因此消费需求对经济增长的拉动力开始被高度重视。但不能就此判断今后只有需求才是经济增长的动力，而忽视供给侧所具有的推动力。因为经济增长的影响要素既包括供给要素，同时也包括需求要素。当经济下行的趋势无法被需求所拉动时，经济增长过程中供给侧的推动作用就不能被忽视。在经济增长率当中，一些潜在因素对实际增长率有着直接影响，不仅劳动力要素、物质要素，还有结构、制度、效率、技术等。目前只是低成本的劳动力以及物质资源方面的推动力有所消退，存在于供给侧的其他动力因素还可以被开发利用，如提高生产效率、创新驱动能力、调整产业结构等，这些因素都可以成为经济增长过程中供给侧被开发的新的动力因素。与需求侧拉动力相比，供给侧的这些潜在推动力对经济增长所产生的影响更为长期。

要素所表现出的生产率是经济增长过程中供给侧所产生的主要推动力。全要素生产率理论指的是所有要素共同参与生产创造的生产率总和要比单一要素所产生的生产率之和大，这两种生产率的差额就是所谓的全要素生产率，也被称为广义技术进步。全要素生产率指的是通过改进其他因素，如提高管理水平、推动技术进步、提升劳动力综合素质、充分发挥要素使用效率等措施来增加产出，是对各种生产要素加以综合利用所产生的，在经济增长过程中表现为质量的提升和效益的增长。

我们在衡量经济增长率的时候，使用的衡量标准是全要素生产率，假设全要素生产率的数值偏低，那么我们就可以判定经济属于粗放型增长；假设全要素生产率的数值偏高，那么我们就可以判定经济属于集约型增长。全要素生产率素质的高低主要是受制度影响，所以我们要想让经济以集约型形式增长，那么就必须改变供给侧结构制度。

在经济增长过程中，经常会出现有效供给不足的情况，这属于结构性短缺，因此建立起长效的供给机制、增加供给结构的灵活性以及适应性是供给侧改革的重点所在。当前供给体系存在的最主要问题是收入一直较低，具体表现在以下几个方面：一是供给品的科技含量不高；二是目前这个阶段存量结构的发展存在缺陷，导致出现很多的无效产能，进而对有效供给产生了不良影响；三是目前这个阶段创造出的供给水平无法满足中等收入阶段广大消费者的需求，包括其对供给品在安全、质量、卫生等方面的需求，产品与服务无法被消费者完全信任。因此，必须要进一步提升供给的能力，这是开展供给侧结构性改革的关键所在，消费者的信赖才能产生。通过科技创新来提升供给产品的质量以及档次是关键。

创新要注重产品的创新，不能仅仅追求高端，不仅要建立起利于创新的体制和机制，也要实现产品创新与科技创新的有效结合。

（三）创新经济的发展方式

经济增长通常是通过两种方式：第一种方式是向生产当中投入更多的要素；第二种方式是提高要素的使用率。假设经济增长是通过要素投入增加实现的，那么我们就说经济就是粗放型增长；假设经济增长是通过要素使用率提高实现的，那么它就是集约型经济增长。

在过去很长一段时期内，我国经济增长基本属于粗放型和外延型，资源供给相对宽裕，经济增长主要通过高消耗、高投入来实现，追求的是更大的规模、更多的数量以及更快的速度，但这种方式所带来的结果是增长质量难以提高，经济效益较差，结构容易失衡。到了现阶段，有限的资源供给已经难以支撑过去那种粗放型的增长方式，而我国也积累了一定的经济发展能力，足以支持对经济增长模式的改变。

我国使用的物质要素供给方式已经影响了经济的可持续发展，所以当前要转换经济的发展方式。集约化的经济发展虽然会受到技术进步的影响，但并没有去除促进经济增长的物质要素结构。也就是说，除了把物质要素供给转变成集约型经济发展方式，还需要注重经济发展方式的创新。经济创新发展可以从两个方面入手。

第一，注重投资，加大出口力度。也就是说，通过促进消费实现经济的发展，这也是当前市场经济转型当中非常重要的一点。过去，我国经济发展是通过投资和出口两者的作用来拉动的，而现在仅靠这种增长模式已不可持续。所以，在新经济模式发展的背景下，我们必须调整经济增长动力，一方面要从内部需求的角度入手，扩大内需，保证经济发展的基础是稳定的。我国当前正在进行工业化的建设，特别是非常注重基础设施的建设，所以有很多的投资机会，市场当中存在巨大的消费需求潜力，调整转型是一种符合经济发展规律、能在外部经济环境中发挥积极作用的选择。与此同时，这也避免了经济发展受到不稳定因素的影响后出现大起大落的变动，调整转型能够真正实现经济发展的良性循环。另一方面，消费刺激措施的实施平衡了生产与消费之间的关系，这也是经济增长的关键，能够满足消费者的消费需求。通过制度的改革可以提高城乡居民的消费能力，主要包括改革收入分配体制、商品流通体制和消费体制。

第二，经济增长方式转变为以创新驱动为核心。促进经济增长的物质资源是有限的，尤其是供给资源不仅有其极限，同时劳动力成本也在逐日上升，环境生态约束趋紧。在这种情况下，我国只能依靠创新实现可持续的中速增长。所谓创新引领是指经济增长在技术、劳动力和管理等多种因素的辅助下，以技术创新为核心进行发展。利用创新的知识和技能，转化物质资本达到创新管理，提高生产力，让有限的物质资源得到节约以及有相应的替代。

通过上述分析可知，从过去粗放型经济增长方式向集约型经济增长方式的转变已然成为当下的共识。集约型经济增长方式指的是对物质要求进行集约使用，从而进一步提升要素的使用率。创新驱动这种经济增长方式不仅能提升生产效率，同时更主要的是整合人力、物力、知识以及制度创新等无形要素，实现各种要素的创新组合。在社会生产和商业活动中，广泛运用科学技术成果是对增长要素的创新。相比集约型经济增长方式，创新驱动的层次更高、水平更高，增长方式也更有益。

四、创新驱动产业结构的优化升级

目前，经济结构调整已经从依赖能量的模式转变成依赖存量的调整、增量的优化。这一转变代表我国经济的发展已经进入一个新的常态，它开始向中高端发展。

（一）产业向中高端方向转变

产业水平是决定一个国家在世界上的竞争能力的度量单位，一个国家的产业升级与创新能力决定着它在国际上的竞争能力。新兴产业担负着优化与完善产业结构的重任。目前我们已进入了全球化、网络化、信息化的新发展时代，我们要全力促进产业的创新以及科技的进步，开展科技革命，推进产业革命，不遗余力地发展新兴产业，争取在世界上占领科技以及经济的制高点，努力提高我国产业在全球市场上的综合竞争力。

通常情况下，当一个国家、一个社会进入现代经济增长期后，经济发展能够形成自我持续和自我加强的能力，其主要动力来自产业结构的完善与变化。我国在产业结构转型和升级方面尚不具备足够的能力，目前还处于中低端，因此在国际市场中缺乏足够的竞争能力。这是由我国现有产业结构的特点所决定的：一方面，这种产业结构主要迎合了低收入发展阶段的需要；另一方面，这种产业结构契合了高速增长的结构变化常态。这种产业结构主要有以下几个特点：较高的能源消耗，更多的污染行业，以制造业为主等。中国制造的很多产品尚处于价值链中下游，由于很多高科技的关键性技术和环节均被国外的机构及人员所掌握，所以我国经济体量虽然较大，但并不强；产值虽然较高，但附加值较低。

我国在进行产业结构转型升级时，需重视三个方面的内容：首先，三次产业结构当中要增加第三产业的比重，尤其是第三产业当中的现代服务业；其次，制造业要达到中端水平，甚至高端水平；最后，要向全球价值链的中端和高端发展。当然，以上三个方面都需要以科技创新、产业创新为基础。

（二）产业创新是基本路径

当前，经济发展已经进入了全球化、信息化以及网络化的时代，各国有均等的机会去开展科技创新以及产业创新。我国的经济发展已经到达全新的历史发展阶段，相较之前有了巨大的提升，科技创新以及产业创新在世界上也具备了一定优势，而不再是跟随状态。在这种形势下，我国完全能够在科学技术以及产业创新方面做出更大的努力，推进产业结构不断向中高端转变。

第一，大力培育具有战略意义的新兴产业，做好前瞻性规划。一个国家在国际竞争中能够占据什么样的位置，归根结底是由这个国家的产业优势决定的，而大力发展具有战略意义的新兴产业则是重点所在。这种新兴产业与科技深度融合，不仅决定着科技创新的方向与能力，也决定着产业发展的方向与能力。现阶段，世界范围内的第三次产业革命已经兴起，这次革命集合了新能源、新材料以及互联网运用。自 2008 年金融危机爆发以后，世界各个国家都调整了自己的国家发展战略，并且出台了相关政策，大力培育各自的新兴产业，在第三次产业革命中全力角逐。欧美地区国家兴起了新工业革命，这次工业革命的主导就是新能源产业，日本、韩国对低碳产业的发展给予了更多关注，德国制定了旨在推动工业进一步发展的相关战略。在这种国际形势下，我国更要大力培育和扶持具有战略意义的各类新兴产业。

第二，在传统制造业领域全力提升生产率，创新相关技术和产品。传统产业并非是过去所认为的夕阳产业，如果有新技术的结合，传统产业就能够成为活力十足的现代产业。目前在我国经济发展的过程中，一些涉及面广、体量大的传统产业也面临着创新与发展的关键问题。这种创新可以通过以下两个方面来进行：一方面，引导传统制造业向着新兴产业不断转型；另一方面，在传统制造业中推广新技术，如运用新技术进行产品的生产与制造，增加产品的高科技含量，提高产品的附加值，减少能源的消耗等，其主要路径包括：实施产业的转型与升级，引导传统行业主动参与新产业的生产与经营，引导传统行业主动与信息化相融合。

第三，引导服务业实现自身的升级与转型。在我国目前经济发展的形势下，必须要对传统服务业实施转型和升级，发展更加高效的现代物流业，创新信息服务业，拓展租赁、研发等服务业。此类服务业是知识经济的主要体现，在整个价值链中有着较大的附加值。

（三）科技创新推动产业创新

当今世界经济的发展趋势体现在科技创新的同时产业会实现快速创新，当有了新的科学发现后，新产业革命随之而来。新科技革命正在全球兴起，由此也催生了环保、新能源、新材料、生物技术等相关的新兴产业，实现了高科技的产业化。当今世界，产业与科技发展的总趋势可以通过科技创新所促成的产业创新来体现。这种产业创新建立在新科技革命的基础之上，所采用的是最前沿的科技成果，有着更高的技术含量、更高的附加值，绿色环保的理念也更加突出。实施技术创新、知识创新的最终目标是促成产业创新，在技术上实现更大跨越，在产业结构上获取革命性的发展和变化。由此可见，若想顺利实现产业结构的优化与升级，就必须要以新兴产业的创新为基础，在此过程中，科技创新对产业创新的引领作用至关重要。只有实现了科技与产业的创新，才能达到产业结构高端化的目标。

在产业结构高端化的过程中，技术创新以及创新结果的扩散运用起着非常重要的作用。只有实现了科学技术的突破，才会有新产业不断出现，而要从整体上提升产业结构水准，是离不开新技术的运用的。

第二节　科技创新与金融发展的协同关系

经济高质量发展的全流程离不开金融部门持续的服务和支持，而在金融部门的发展过程中科技创新亦扮演了重要角色，因此可以说，科技和金融在交互作用下破浪前行，促进了经济的高质量发展。

一、科技创新与金融发展协同的背景

（一）科技革命浪潮的周期性更迭

在 18 世纪末至 21 世纪初的经济增长过程中，都是以科技创新的革命浪潮周期作为划分依据的，这些浪潮催生了新的“技术—经济”范式，通过科技创新集群带来生产效率的量子式跃迁。尽管科技革命在长期内属于世界性的现象，但每次科技革命都会率先爆发在某个特定的国家（地区）——该国在当时是世界范围内的经济“领袖”，随着时间的推移，科技创新成果逐渐向外围地区扩散。

1771 年，阿克赖特在英国诺丁汉郊区设立工厂，利用水流作为动力开展纺织作业，使得通过机械化削减生产成本、利用机械化提升生产效率有了清晰的发展方向。1829 年，斯蒂芬森发明了“火箭号”蒸汽机车，这一实验的成功表明已经进入了蒸汽动力时代。1875 年，卡内基在宾夕法尼亚州创办第一家制造钢轨的酸性转炉钢铁厂，自此拉开了钢铁时代的大幕，并直接带动了美国经济的发展，美国经济在这一阶段迅速崛起。1908 年，美国的福特工厂创造出了第一辆 T 型车，它是后来这类车型生产的原型，以这个为原型进行了大量同类车型的生产，直接促进了大众消费。1971 年，英特尔公司的微处理器宣告问世，这是最早的、最简单的“芯片上的计算机”，被视为信息时代诞生的标志。这五次诱发“大爆炸”的事件表面上看起来相互孤立，但对每一次科技革命浪潮的导入与后续展开过程都具有划时代的意义。随着新能源、生物电子、纳米材料、人工智能、3D 打印等新技术在全球范围内的迅速推广，第六次科技革命浪潮的轮廓日渐清晰。

每一次科技革命浪潮基本都经历了两个发展阶段——在科技革命浪潮的前二十年到三十年是科技的导入期间，这一期间主要是完善基础设施，优化关键产业，其发展虽然会受到旧范式的抵抗，但是发展也会受到金融资本的推动。后二三十年为展开期，前期形成的不可持续的结构性矛盾在制度框架的调整下得以缓和，科技革命带来的变革力量扩散到整个经济之中，这种力量充分发挥了财富生产的潜力。

在导入期和展开期之间存在一个转折点，通常表现为一次严重的衰退，它为制度重组和框架调节提供了机会，有利于实现科技革命的全部成就，使经济增长重新进入可持续增长模式。我们可以进一步将每一时期进行阶段细分：在大爆炸之后的第一阶段，新技术和新产品接踵而至，广阔的利润空间吸引了金融市场的潜在投资者，这些企业在金融资本的支持下获得扩张条件，强烈冲击着旧范式主导的经济秩序，界定了未来发展的轨道法则。在导入期的第二阶段，新技术体系和新基础设施伴随投资规模的扩大得以集中开发，新范式牢牢扎根于经济中，并做好了充分展开的准备。在这一阶段，较高的利润预期吸引了金融资本的狂热追求，加剧了社会中的不平衡状况，这种不平衡既存在于核心产品的需求规模和供给潜力之间，也存在于账面价值和真实价值之间，最终导致资产膨胀和非理性繁荣。对这种结构性紧张关系，需要通过对各种制度框架进行根本性变革，才能使经济从金融标准塑造的狂热方式转变为依托生产能力的协同方式，金融危机为此创造了机会。第三阶段是展开期的前半段。经过前期的积累，生产和范式扩张的条件都已准备好，在适当的制度框架下，金融资本向实体经济回归，服务科技创新和实际生产的需要，经济增长以一种稳定的节奏向前推进。展开期的后半段是浪潮的第四阶段，作为经济增长引擎的核心产业面临市场饱和、创新收益递减等困境，科技革命的动力逐渐衰竭，对新技术的有效需求随之出现，闲置的金融资本做好了承担风险的准备，下一次科技革命浪潮开始酝酿。

轨道并非是永恒的，当一种范式的潜力达到极限，并表现出增长动力不足时，新的科技创新便会异军突起，支撑起下一轮经济的发展，这是不可逆转的规律。在金融资本的支持下，新旧技术的转换更迭将推动经济的持续增长。

（二）科技革命中科技与金融的交互作用

科技创新提高了劳动生产率，金融发展解放了财富驱动力，二者相互交织、彼此依赖、协同演进，这在历次科技革命浪潮中屡见不鲜。科技创新如果缺少了金融资本燃料的助力，难以成为经济增长的引擎；金融部门在此过程中享受到了科技创新带来的红利，通过优化公司业务、拓宽金融产品空间提升了金融服务的质量和效率。

1. 金融服务迎合科技创新的需求

科技创新意味着风险，未知前景充满了不确定性，金融市场除了为其筹集必要的发展资金，还作为一条重要的风险分散渠道来发挥作用。虽然部分原始创新可以借助个人财富积累和亲戚朋友帮助得以实现。随着科技创新的持续扩散和重大创新的相继产生，从金融体系中获得外部支持是十分必要的。

随着电气技术和内燃机的结合，汽车、飞机、电话、电报等产业的出现从根本上突破了经济发展的时空限制，拓展了市场的边界。资本对利益的追逐使得以工业为主的国家开始拓展自己的业务范围，不断地向海外进行扩张，经济出现了国际化发展的趋势。这种发展要求金融机构有更高的进行跨国经济活动的能力，以及更高的风险管理能力。商业银行在全球范围内设立分支机构、健全业务网络，衍生品市场创新活跃，为风险管理提供了丰富的金融工具。

金融和科技创新的结合促进了风险投资的产生，风险投资是科技和金融进行的深度融合。20 世纪初，美国形成了风险投资的基本雏形，在当时的社会中比较富有的人不仅可以通过投资获得更高的收益，而且他们会委托金融专业人才选择可以给他们带来更多利润的投资领域，这些投资者的出现在当时形成了一个规模比较小的风险投资市场。20 世纪中期，美国出现了很多高新技术，高新技术的出现带动了高新技术产业的发展和崛起，并直接带动了美国经济的高速增长，但是同时也存在低程度的通货膨胀。这一时期的其他国家经济大多处于停滞甚至衰退的状态，这并不完全表明欧洲和日本等国的科学技术水平落后于美国，究其原因在于这些国家风险投资市场的发展明显滞后，致使大量科技成果无法得到及时的开发和应用，尤其是在具有开拓性的尖端技术领域。风险资本家会凭着超前的投资理念和丰富的管理经验优化企业的内部治理结构，敦促其不断地向股份化和规范化的方向发展。

在服务科技创新的金融体系中，政策性金融是不可或缺的组成部分。政府的金融干预行为对科技创新产生了重要作用，大多数欧洲国家在科技创新的不同时期、不同领域均获得了政府的资金支持，如 19 世纪 40 年代的比利时、19 世纪 70 年代的德国等，主要表现在技术获取、人才引进和教育培训等领域。此外，还有许多政策性金融机构通过提供信用担保、设立引导基金等形式，间接吸引金融资本对科技创新领域的关注和投资。

自 20 世纪 70 年代起，以色列政府就明确了科技立国的发展理念，并且成立了首席科学家办公室。办公室的目的是加大企业进行科技创新的研究力度，实行的一个举措是设立技术孵化器项目，该项目不以营利为目的，为所有参与创业的人提供初始运营资金、提供团队管理、提供办公场地等和创业有关的服务；另一举措是设立 YOZMA 政府引导资金，与市场化的风险投资机构合作，充分发挥引导作用，鼓励企业进行研发活动。

2. **科技创新提升金融发展的水平**

（1）科技创新加快了货物运输和信息传播的速度，对金融部门来说，通信方式的变革显著增强了资金的流动性、安全性，它们有意愿成为科技创新产品和服务的早期用户。第二次浪潮期间，英国的银行分支机构在铁路和电报线路初具规模时，曾率先利用这些方式建立起全国通信网络。第三次革命浪潮的创新成果允许国内银行与海外银行建立联系，国际股票市场也由此适时建立。

（2）信息技术革命使金融机构的经营方式发生根本性变革。以美国银行业为例，20 世纪 70 年代，商业银行利用数据通信和电子计算技术改进了会计核算系统，推出联机柜员系统，保证了资金转移的准确性和实时性，初步实现了前台和后台业务的电子化。20 世纪 80 年代，借助新兴的信息传输技术、安全技术以及人机交互技术等，银行开发了以 ATM 和 POS 为代表的自助银行业务处理系统，随后出现的电话银行、网络银行、手机银行更是极大地延伸了金融服务的物理边界，突破了时空维度限制。

自 20 世纪 90 年代以来，数据处理技术获得了新发展，它能够让银行从大量的金融交易数据当中获取对银行有用的、有价值的商业信息，银行可以根据这些数据为用户提供增值服务，这为银行带来了更多的利益空间。与此同时，银行还可以使用数据信息创新信用评估方式，有效控制贷后风险，为解决中小企业融资难的问题提供创新型方案。在科技创新的助推下，金融机构实现了管理流程化、运营网络化、渠道电子化和业务多样化，极大地提高了服务的质量和效率。因此在某种程度上，科技创新已不再单纯地止步于为金融部门提供便利的工具，而是表现为对金融系统的改造与再造，使金融的核心功能得到更好的发挥。

（3）科技创新为金融市场的健康发展提供了强有力的支撑。几百年来，金融市场的蓬勃发展体现了顽强的生命力，各类市场主体乐此不疲地参与其中，充分展现了资本的无穷魅力，它既是国民经济的晴雨表，也是公众情绪的晴雨表，不仅影响着经济的发展，也牵动着千家万户的心。从原始户外交易场所，到广泛采用信息技术、实现全球交易联动的现代市场，主要得益于科学技术的创新和发展。

（4）科技创新促进了金融市场结构调整，单一的主板市场既无法适应创新型企业的融资需要和投资者的风险偏好，也不能为风险资本提供便捷的退出渠道，于是世界各国和地区纷纷设立二板市场及场外交易市场。这些充满生机的市场不仅完善了金融市场的层次结构，同时也促进了金融市场的发展和效率的提升。

（三）科技革命浪潮的经验启示

历次科技革命浪潮的史实印证了金融发展和科技创新的协同演进过程，科技创新引致经济结构调整，促成经济增长方式由量变到质变的转化。在每一次科技革命浪潮扩散的过程中，金融部门都起到了关键作用，同时科技创新成果也为金融服务创新提供了改进动力和技术支持，二者相互激励、相互反馈，形成了可持续的周期循环。

科技创新与金融发展的协同过程并不是一帆风顺的，金融资本和生产资本之间“耦合—断裂—再耦合”的过程决定了经济增长的节奏及方向。金融资本代表了财富持有者的行为标准，其致力于增加财富的活动，无论借助何种渠道，最终目的是以货币及其他账面资产形式拥有财富，并获得增值；生产资本则体现了财富创造者的行为动机，其借入资金保障科技创新活动，通过生产产品和提供服务等方式创造新财富，并与金融资本分享利润。

在科技革命的爆发阶段，金融资本起到了帮助传播科技革命的作用，金融机构开发出适当的金融工具以满足创新企业的融资需要，并从中获得了超出市场正常预期水平的高额收益。在逐利性动机的驱使下，金融家们确信已找到获得丰厚利润的有效途径，集中投资，导致产能过剩，市场经历了不规律的无序增长，以钱生钱的投机性金融工具被发明出来，最终资产膨胀无法控制。狂热阶段过后，在经济衰退的压力下金融资本被拉回现实，规范金融资本行为的法律准则陆续出台，各国为适应新的技术—经济范式，在国家层面重构了有序协调的制度框架，以抑制金融资本破坏性的短期行为，并引导它服务生产资本的长期利益。自此之后，科技创新与金融发展迈入秩序井然、行动规矩的协同阶段，实现了结构断裂之后的再度耦合，共同推进经济持续稳定的增长。

金融资本与生产资本在追逐利润的过程中，由于职能和行为标准的差异，会产生偏离耦合路径的倾向，具体表现为金融服务脱离科技创新的实际需要，或创新收益无法满足金融部门的利益诉求。当科技创新价值被高估时，金融资本自我膨胀，资产价格偏离正常的预期利润水平，造成经济的非理性繁荣；当价值被低估时，金融资本供应不足，科技创新缺乏充足且持续的资金支持，难以转化为推动经济增长的实际生产力。

我国经济正处在变革转型的关键时期，信息技术革命的创新成果正在等待适当的条件充分展示其在财富创造方面的潜力，因此在考察科技创新与金融发展的关系时，关注二者间的协同作用是十分必要的。

二、科技创新与金融发展协同的动因

（一）科技创新与金融发展协同的参与主体

从科技创新发展历程来看，企业、高校、科研院所、金融机构及政府部门在相应阶段发挥了异质作用，它们之间彼此依赖、相互促进、协同演化。企业、高校与科研院所作为科技创新成果的供给者，在由创意创新转化为实际产品的过程中面临不断放大的资金缺口，需要持续的、差异化的金融服务；金融机构作为金融产品和服务的供给者，在追求项目投资回报的同时，也会借助创新成果提升业务能力和运行效率，进而更好地服务科技创新；政府作为特殊的参与者，具有多重角色定位，除了维系金融与科技二者之间的协同关系，还需作为引导者和调控者，将“有形的手”和“无形的手”结合起来，最大限度地减少信息不对称产生的不利影响。

1. 企业、高校与科研院所

科技创新活动大多在企业、高校与科研院所之中进行，与企业不同的是，高校与科研院所更倾向纯粹的基础科学研究，其主要工作是促进科学知识创新、培养专业技术人才，研究成果转化需要借助企业这一组织形式，通过市场运作机制将产品转化为商品，搭建完整的创新链条，即“科学—技术—产品—商品”，实现科技创新助力经济生产的目标。在某种程度上我们可以认为，企业是科技创新最重要的载体，最能把握市场的前景预期。

从生命周期的角度出发，可以将科技创新的成长过程划分为风险收益不对等的五个阶段，分别是种子期、初创期、成长期、成熟期及衰退期。

在种子期，企业拥有相对清晰的发展规划和较为新颖的专利技术，通过市场调研开发新产品，大多仅停留在尚未量产的实验室阶段，产品能否被市场接受不得而知，前景具有极大的不确定性。

在初创期，企业的管理架构初具雏形，主要任务变为市场导入和规模生产，技术转化风险逐渐被经营管理风险所替代。由于销售利润有限、无形资产难以评估，企业留存收益可能不足以支撑经营活动，需要依靠外部融资。

进入成长期后，企业的创新产品占据了一定的市场份额，发展战略明确，为了继续扩大生产规模、巩固市场地位，不仅需要持续的金融服务，包括财富管理、贸易结算等，也需要继续拓宽融资渠道，不囿于银行贷款，寻求资本市场股权融资，优化资产负债结构。

在成熟期，企业积累了丰富的生产和销售经验，拥有了一定的市场知名度，营利能力也随之提高，虽然积极探索规模经济的发展模式，但因技术开发相对成熟，企业面临潜在竞争对手进入市场的威胁。

在衰退期，市场逐渐趋于饱和，创新红利消磨殆尽，企业需要着手进行新技术、新产品的研发，以求在新一轮竞争中抢占先机。

2. 金融机构

作为金融服务的供给者，金融机构在整合资源、传递信息等方面为科技创新提供了全方位的金融支持。金融机构大致可分为中介机构和投资机构两种，前者主要包括银行、保险及担保公司等，它们仅作为资金融通的中介，满足企业的投融资需求、风险管理需求，不干预日常经营活动；后者主要包括天使投资、风险投资及私募股权投资等，它们与企业签订股权协议，除了提供必要资金，还参与经营管理，影响企业的生产决策。

银行贷款是企业创新的间接融资渠道，特别是在一些资本市场规模和容量相对较小的国家或地区显得尤为重要。与普通贷款相比，银行在发放科技贷款时，面临诸多的困扰，如银企双方的信息不对称、较高的信用违约风险、匮乏的抵押质押物等，不符合银行追求安全性、营利性的经营原则，在很大程度上抑制了其开展业务的积极性。因此，必须寻求贷款业务在风险和收益方面的平衡，通过开发创新型的金融产品，积极拓展服务模式，借助风险缓释的配套措施来增强业务的可持续性，如与保险公司合作推出的贷款保证保险，与担保机构合作提供的信用增进方案，都有助于将银行自担的创新风险转化为多机构共担。这种机构间的协同合作得益于信息技术进步，在业务合作中积累数据，利用自身优势共享信息，更全面地评估企业的信用资质，降低信息不对称程度，通过差别化的定价策略精准地服务不同阶段的科技创新活动，增强了资金的利用效率。

各类创业投资机构在科技创新活动中发挥了金融中介机构无法比拟的优势，这些投资机构偏好风险、经营灵活，具有专业的项目投资经验和丰富的公司管理经验，能较为准确地把握市场运行规律和发展前景。其中，天使投资青睐早期的创新创业项目，注重对种子期和初创期的企业提供资金支持，有效地缓解了资金供给与需求错配的问题。

风险投资及私募股权投资机构则倾向处于成长期的企业。这些投资机构在提供发展资金的同时介入经营管理层，健全企业的内部治理结构，待企业运营规范、盈利稳定后，通过转让股权或挂牌上市等方式退出，实现资金增值的良性循环。这些机构充当了优质创新企业登陆资本市场的孵化器，是科技创新多层次融资体系的关键环节，对提升金融发展水平具有重要意义。

3. 政府部门

科技创新并不是竞争产品，这就表明它不仅会有知识溢出现象的存在，同时，也会出现技术共享现象。科技创新显现出非常鲜明的正外部性。正外部性是指某一个企业开展的科技创新活动会给其他市场当中的企业带去一定的经济利益。正外部性具体表现在三个方面：一是对市场的正外部性。在创新成果的专利保护期过后，其他经济主体以较低成本获取技术，进一步推广并获得利润，带来更多的社会经济效益。二是对人才的正外部性。知识创新可以通过相应载体进行传播，培养大量从事科学技术研究的专业人才，他们所具备的人格魅力将对整个社会的发展具有示范作用；三是对社会的正外部性。科技创新成果不仅可以改变人们的生活方式、提高生活质量，还能增强国家科技软实力，进而实现经济结构的调整和增长方式的转型。

科技创新过程中会面临诸多的不确定性，资金的供给与需求在时间和空间维度存在错配现象，单纯依靠市场机制进行调节的难度较大，会对市场主体开展科技创新的积极性产生不良影响，所以政府要进行适当的引导，并且为科技创新活动提供服务。政府不能超出自身的职权范围，进行过多的行政干预。一方面，政府要完善促进科技创新的法律法规体系，对创新活动进行规范、引导和激励，破解制度性障碍，同时辅以相应的财税支持政策，如优化财政投入的方式和力度，明确财政补贴的对象和范围等；另一方面，政府要积极搭建一个功能互补、资源共享的综合服务平台，为企业和机构提供交流平台，促进企业和机构之间展开深入的合作。与此同时，实现不同机构、不同主体之间的信息流通，进而在整个社会当中营造活跃的科技创新氛围，为创业活动的开展、科技金融的发展提供一个良好的生态环境，持续推动并始终维系科技创新与金融发展的协同关系。

（二）科技创新与金融发展协同的内部动力

科技创新与金融发展协同关系的形成与演进既受到系统内部因素的驱动，也受系统外部环境的影响，在长期作用过程中形成了一套有效的自循环、自反馈模式。企业和金融机构作为追求自身利益最大化的两类经济主体，为获得资本增值的创新溢出效应，分散创新风险，需在各层面建立要素供需匹配机制。

科技创新之所以能够吸引金融资本，是因为创新具有财富创造的资本增值功能，这是二者协同的动力源泉之一。

市场经济理论指出，在自由竞争状态下，企业能够获得的利润是零，所以企业要想赚取更多的利润，就要进行技术垄断，而技术垄断只是短期的。

从长期的发展来看，技术垄断必然需要技术创新，而创新会为社会长期发展带来更多的福利，这为企业通过科技创新获得垄断利润提供了空间。受逐利本性的驱使，金融部门根据科技创新项目的风险收益特征提供相应的金融产品和金融服务，客观上增加了金融交易需求，推动了金融市场发展。

现有金融理论认为，金融具有信息搜集、动员储蓄、风险管理、激励约束等功能。由于科技创新存在投资体量大、研发周期长、资产变现难等特点，始终面临资金不足的局面，金融机构通过广泛的搜集和处理信息，与创新企业建立稳定的借贷关系，减缓双方的信息不对称，将分散居民家庭中的资金汇聚起来投资科技创新项目；金融市场中的参与者则凭借自身的专业知识、辨别能力通过证券进行交易，使其内在价值被挖掘出来，引导闲置资金流向投资回报高的领域，促进科技创新。

针对创新过程蕴含的风险，金融系统提供了差异化的金融产品组合，通过跨时期、跨区域的风险分散，减轻单个企业、行业或地区的风险负担，避免创新风险集聚，影响科技创新的进程。科技创新成功的财富效应是巨大的，每一个项目都要经历由种子期到成熟期的缓慢过程，这种财富积累难以在全社会发挥示范作用，而金融市场则为其提供了对未来财富进行贴现的可能。贴现机制使财富能够得以提前兑现，激励了更多企业参与科技创新活动。

科技创新与金融发展协同的另一动力在于，科技创新可以通过优化信息传递方式、降低交易成本等方法推动金融市场的发展。随着交易规模的持续扩大，信息搜寻、协商决策等成本逐渐成为金融机构的负担，通信技术的创新提高了信息处理的精度和效率，降低了信息处理成本，使交易双方的协商更为便捷、透明，显著增加了交易成功的频率。同时科技创新成果还在契约执行、监督等方面发挥功效，如通过技术手段实时监督企业经营活动，降低创新主体违约的发生概率。由此可见，科技创新从不同角度降低了交易成本，促成了交易实现，拓展了盈利空间，在自身获得金融支持的同时，也在持续地促进金融市场的发展。

（三）科技创新与金融发展协同的外部影响

科技创新成果带来的宏观经济效益是政府提供制度保障和政策激励的动力。科技创新活动不仅涉及单纯的成本收益分析，还包含创新要素的整合、创新要素的协同。所以，我们需要建立制度，通过制度让科技创新和金融协调发展。从科技创新企业的角度来讲，制度的存在可以让企业拥有更多的投资主体，这对企业来说是有益的。因为科技创新存在高的风险，所以很多企业在面临创新的时候并没有表现出过高的积极性。

如果有科学合理的制度为企业的金融资本投入提供保障，那么处于发展初期或是快速成长期的企业就会抓住这个发展机会，积极参加科技创新。从金融部门的角度来看，制度的存在可以让信息变得更加对称，有助于金融机构进行资金的协调分配，让资金被更高效地利用。金融机构会对项目调查、审查过程中专家们选出来的优秀创新项目进行资金支持，这对金融部门来说，无疑降低了资金投入的风险。金融部门会选择更高价值的项目进行投资，让金融资本的投资有更高的成功率。因此，我们必须建立制度，为科技创新的实施提供基本的保障，其中需要建立的机制有市场行为规则机制、市场长效激励机制。机制可以分为两种：其一，正式制度，如法律法规中的规定、政府部门制定的各项条例或保障措施。其二，非正式制度，是指社会发展当中自然形成的理念、自然存在的意识。这两种制度可以吸引更多投资者来投资科技创新活动，让科技创新活动和金融发展之间实现有效的配合。

为了促成科技创新与金融发展的协同关系而设计的制度安排，主要包括基于市场调节取向的风险补偿制度和基于整合共享取向的风险分散制度两种方式。风险补偿是政府对参与主体承担科技创新风险而给予的回报和激励。一方面，政府提供实验室、孵化器等公共物品，给予创新企业充足的发展空间和经验指导，增强其抵抗风险的能力，并通过财政补贴、税收优惠、贷款贴息等方式对风险溢价进行补偿，吸引更多的社会资金注入；另一方面，完善专利保护制度，设立市场准入门槛，允许创新企业在一定时期内独享创新成果、获得垄断利润，以调动企业创新积极性。风险分散是指政府通过机制设计将科技创新风险分配给多个市场主体共同承担的过程。

在风险总量既定的情况下，平均预期损失与承担风险的市场主体数量呈负相关关系，当损失过大、超过单一市场主体的承受能力时，会影响科技创新活动的可持续性。因此，政府要牵头搭建交流平台，适当扩充金融部门的参与数量，除了鼓励银行类金融机构为创新产品提供服务，还要积极引导创业投资机构介入，发展多层次的直接融资市场，通过向不同风险偏好者转让一定份额的股权或债权，实现风险与收益的合理匹配。政府通过推进制度建设，适当利用调控手段对企业进行引导和激励，可以为科技创新营造理想的市场环境，同时根据经济需求规范金融发展的方向，有效地解决科技创新与金融发展协同过程中的市场缺位问题。

三、科技创新与金融发展协同的规律

科技创新与金融发展的协同演进涉及多个层面，呈现多种形式。系统内各主体和要素在互动共生、匹配耦合的运动规律作用下，逐渐实现由无序向有序的转变，功能得到提升，结构得以优化，二者协同作用于经济增长。

（一）互动共生规律

“互动”较早时用于解释物理学中的能量守恒定律，说明不同物体或系统之间的相互作用及产生的影响，后来将其扩展到社会现象中，用于描述在一定情境下人际或事物之间发生的多种形式、不同程度的往来关系，是一个相互作用、相互改变的过程。持续稳定的良性互动不仅需要互动主体有类似的思想理念，有类似的价值观点，而且彼此要产生相互依赖的行为。“共生”则多被用来描述两个或多个生物种群之间频繁接触形成的紧密关系，主要表现为偏利共生和互利共生两种模式——偏利共生仅对其中一方有利，而互利共生则体现了物种间相互有利的和谐共居关系。将互动共生的概念借鉴到协同关系研究中，可以用来描述两个系统各要素之间彼此依存、相互影响、和谐共居的演化规律。具体来说，科技创新与金融发展协同的互动共生规律是指相继产生、自然发展，并在协同过程中相互促进的运动轨迹，它们在功能结构维度、时间空间维度上存在协调一致性，其中一方的生存和发展以另一方为依托条件，任何超前或滞后的发展状态均会对另一方产生负面影响，使协同过程偏离设定的预期目标。

在互动共生过程中，系统要素的集聚与扩散是常见的运动形式。虽然科技创新与金融发展的协同演进是市场供需机制下的自发行为，但由于市场经济总是朝着阻力最小的方向运行，而资源禀赋总是向着效用最大的地方流动，因此只有当收益大于成本时，才会促成有效的分工与协作。资金、技术、人才等创新要素在时空范畴内发生集聚与扩散，这个过程以企业、金融机构、政府等主体间的要素配置重组为主要内容，通过相关产业布局的优化与调整来加以体现，其作用程度与流动速度决定着科技创新与金融发展协同水平的高低，影响着经济增长的质量。

在科技创新与金融发展协同的不同阶段，集聚和扩散表现出的功能形态是有差异的。例如，在某高技术产业发展的初始阶段，要素集聚是主要驱动力，在科技创新的示范效应下，越来越多的企业进入该领域，扩大了整个产业的规模；进入成长阶段后，既有要素流入又有创新溢出，集聚与扩散形成双轮驱动，共同作用于协同过程；随着市场日趋饱和，产业发展面临诸多条件限制，边际收益降低，金融资本开始寻找更适合投资的方向，生产要素逐渐扩散到其他新兴产业领域。

系统要素的竞争与合作是互动共生规律的另一种常见的运动形式。在市场机制作用下，缺少竞争便缺乏生机与活力，难以获得长足发展，但缺少合作意味着丧失了部分获益的可能性，造成不必要的损失。科技创新与金融发展之间的竞争合作表现为企业、金融机构之间对要素的争夺与共享，二者的变化趋势是此消彼长，假如市场当中存在的竞争比合作要多，那么科技创新和金融发展之间就会呈现出较低的协同水平，甚至无法实现协同。例如，金融部门的过度发展产生“虹吸效应”，将科技创新活动所需的资金、人才等要素源源不断地被吸收到金融部门，这会在一定程度上缩小社会当中实体经济能够获得的发展空间。假设存在的合作比竞争多，那么不同的主体之间将会形成一种以互利共赢为目的的竞合关系。在竞争与合作当中，这些主体不仅追求自身利益的提高，还注重群体利益的发展统一。例如，企业和金融机构进行深入合作可以让信息更加对称，减少资源浪费和重复使用，提高资源配置效率，从而强化了科技创新与金融发展的协同关系。

（二）匹配耦合规律

在科技创新与金融发展协同演进的过程中，二者作为相对独立的子系统相互交换物质和能量，通过能量耗散和非线性动力机制的作用，科技创新和金融发展的协同演进逐渐变得稳定有序，并且构建了良好的自我循环系统。当外部环境对系统未产生影响时，子系统遵循各自的运行规则，维持一定的结构和功能不变；当外部环境发生变化时，在随机涨落原理和自组织原理的影响下，形成新的功能结构，提升复合系统的运作效率。复合系统的非线性特征决定了科技创新与金融发展协同的匹配耦合规律，二者在系统结构上的非线性决定不能将部分功能简单加总来替代整体功能，子系统之间只有相互配合才能衔接得当、和谐共生。

功能匹配指的是不同的子系统之间可以实现协调的功能输入和输出。比如，一个系统的功能输出之后可以输入到另一个系统中，实现功能的良好循环，进而让整个系统以最优的状态发挥功能。系统内部的不同要素之间协调配合，将有助于激发要素潜能，调和内部矛盾，解决发展过程中面临的掣肘问题，并通过发挥协同效应维护系统运转的稳定，使系统整体功能倍增。例如，科技创新的财富创造功能满足了金融资本对盈利空间的需求，而金融服务具备的筹融资功能、信息处理功能为科技创新提供了充足的资金支持，风险管理功能则可以有效地化解创新过程中蕴含的不确定性，二者实现了功能互补，并在市场机制的作用下实现了风险和收益的平衡。

结构匹配反映了系统之间形成的强弱适当、合理有序的组织形态，是要素在结构层面的有机结合，合理的结构有助于提升科技创新与金融发展的协同效率，进而推动经济结构的优化和社会结构的完善。各子系统在结构特征上存在差异，通常需要较长时间的自我调节或外部干预才能实现匹配，由此产生的能量耗散给协同带来了负面影响，若其中某个子系统的发展超过了另一子系统的承载能力，则会导致整个复合系统的退步。例如，科技创新活动不同阶段的风险收益特征决定了异质性金融资本介入的方式和时机，如果在融资结构上发生风险错配、期限错配等，金融资本将无法获得预期的投资回报，会影响金融服务的持续性和稳定性，不利于二者的协同演进。

任何系统都不能脱离时空环境而独立存在，时空匹配是指子系统虽然在不同时间、不同空间的发展存在显著差异，但它们之间仍然建立了多维的联系，在交互耦合作用过程中呈现出协同发展的趋势。在时间维度上表现为金融服务方式日趋多元化，从传统银行信贷到资本市场直接融资，从风险投资机构设立到互联网众筹方式崛起，丰富的金融产品和服务贯穿科技创新整个生命周期，有助于实现风险与收益在时间轴上的匹配。在空间维度上表现为创新要素在区域之间的流转过程，各区域发挥自身比较优势，加强信息共享与合作交流，最大化资源利用效率，推进区域协同创新，实现整个系统的高效运转。

四、科技创新与金融发展协同的制度

虽然我国科技金融工作取得了一定成绩，但科技创新与金融发展协同水平较低的事实也从不同层面得到反映，二者的良性互动机制存在缺陷，需要有效的制度安排加以调节。从国际经验来看，众多世界公认的创新型国家都经历了制度变迁的过程，这些国家通过创造市场运行的新秩序来降低科技创新活动的不确定性，以满足金融资本的逐利避险要求。

（一）科技创新与金融发展协同制度设计原则

1.政府引导与市场运作互补原则

经济学中的制度是一个总称，它主要包括已经成为明文规定的办事准则、行为规范或行为秩序，它对经济单位之间的合作或竞争有一定的影响。当外部环境发生变化之后，人会提高自己的理性程度，与此同时，对制度建设也有了新的要求，期望通过制度的改变实现收益的增加。

假设制度供给和需求之间达到了平衡状态，那么这时的制度就是相对稳定的；假设制度供给和需求之间不平衡，那么就需要对制度进行调整，也就是我们所说的制度变迁。制度变迁通常分为两种：一是强制性变迁，政府充当第一行动集团，在追求租金最大化的目标下以行政命令和法律形式“自上而下”推动制度变迁。二是诱致性变迁，个人或群体在新制度红利的引诱下，“自下而上”倡导、组织和实行的制度变迁，具有先易后难、先试点后推广的渐进性特点。

科技创新与金融发展的协同演进过程是一个制度调整、变迁的过程，我们要结合使用强制性变迁和诱致性变迁，为协同关系提供制度方面的保障。假设我们只使用强制性变迁，那么原来积累的经验可能就会对制度安排造成一定的影响，导致社会中新出现的需求和变化没有被关注到，进而导致制度调整和现实需求之间不吻合，效率低下。如果仅强调诱致性变迁，则可能由于外部性和搭便车等问题，导致制度调整所需时间较长，错过制度改革的最佳机会。此外，诱致性变迁不会触动原有制度框架的根基，带有明显的旧制度痕迹，在实际运行中可能就会产生非均衡、不稳定等情况。在构建科技创新与金融发展协同的制度保障体系时，要始终坚持强制性与诱致性变迁结合、政府引导与市场运作互补，发挥各自优势，弥补对方缺陷，以达到最优的制度变迁效果。

在科技创新与金融发展协同的过程中，没有成熟的模式可供借鉴，需要不断进行探索，在处理政府与市场的关系方面，政府仅作为引导者的角色是毋庸置疑的，不能越俎代庖。政府的引导一方面体现在其出台相应的鼓励和扶持政策上，形成相对完善的、系统的执行框架，积极营造适合科技创新与金融发展协同的外部条件和业态环境。通过不同部门、不同层级的沟通，可以让科技政策、金融政策和财政政策体现出更高的协调性，打破原来发展存在的体制障碍，将不同部门具有的不同优势充分地结合起来，让创新和金融发展进行更高效的对接。另一方面体现在政府对创新主体和金融部门给予适当风险补偿上，以弥补市场失灵。当科技创新的风险过大时，金融投资可能无法实现预期回报，甚至遭受严重损失，在这种情况下金融服务如果缺少必要的风险报酬补偿机制，则难以实现持续运营。除了采取传统的财政补贴和税收减免优惠等方式，政府还出资设立了各类创新基金、引导基金等，致力于将已有科技成果转化为实际生产力，再通过发挥杠杆效应，吸引民间资本和外资资本进入创业投资领域，调动投资热情、降低投资风险。

科技创新必须靠市场来推动，而金融机构也应实现市场化运作。企业是进行科技创新的主体，企业需要时刻关注市场的发展方向，并且联合高校、科学研究所共同致力于技术的研发创新，创造出质量更高的创新成果，吸引更多的金融资本投资。同时银行等金融机构也要建立信贷方面的完善机制，以提供更多的信贷产品，并且根据不同企业的不同情况选择使用不同的规则，从企业的创新当中获得收益。除此之外，企业还应该联合保险公司，为自身的科技创新提供更加稳定的保障。

与此同时，企业应该拓宽融资渠道，探索适合企业创新规律的其他融资渠道。例如，使用债券进行融资，在交易市场中挂牌上市，通过利用市场的资源配置功能进行融资。对企业来讲，如果它的创新风险总量是确定的，那么承担企业经济风险的主体越多，企业所需的成本就越少，需要承担创新失败的损失也越小；相反，如果承担经济风险的主体比较少，那么企业可能就会因为承受不住创新风险而无法进行持续的创新。所以，我们应该利用制度吸引更多的金融机构、金融主体参与科技创新，根据不同主体的出资额度和投资方式来确定其可以从创新收益中获得的收益权重，以及要承担的创新成本。这样的方式既可以实现有效管理，也可以分散风险。

2. 风险特征与创新报酬匹配原则

科技创新过程中的每个决策在信息约束和各种突变因素的干扰下都蕴含着极大的不确定性，从最开始的科学发现到最后产品投入市场当中，整个过程都存在不确定性，并且过程越长所带来的不确定性就会越大，投资者就需要承担越高的风险。具体来讲，不确定性涉及以下两个方面的内容。

第一，创新主体的选择是不确定的。资金和技术之间的融合、匹配、协调是科技创新活动发展的支撑，而资金的主体和技术的主体是不同的，资金的投入主体无法决定资金的使用。也就是说，资金所有权和资金使用权的主体不同。与此同时，不同主体之间的信息交流不充分会导致信息不对称，所以科技创新活动还会存在逆向选择问题。对科技创新主体来讲，为了获得资金支持可能会向银行谎报自己的资源水平和能力水平，也就是上报信息可能是虚假的。在这样的情况下，金融机构会受到虚假信息的迷惑做出错误的选择，从而导致那些真正优质的项目无法获得银行提供的资金支持。另外，哪怕企业和金融机构之间实现了信息对称，所有信息都是真实的，金融部门在最初选择了优质项目，也很难保证项目后期的发展过程中不会遇到道德风险。

第二，创新活动收益的不确定性。科技创新是一项开创性活动，技术的不完善、成果的不确定使创新人员或企业自身也难以确保成功的概率，且随着市场需求的变化，创新成果能否被市场接受也充满不确定性。此外，科技创新具有一定的公共物品性质，其中一家企业创新成功，其他企业就可以低成本获得创新成果并用于生产，这对创新企业来说，风险和收益是不对等的，成功时难以独占垄断收益，失败时却要独自承担沉没成本。

风险与收益的匹配是维系科技创新与金融发展协同的必要条件，在对科技创新风险特征分析的基础上，需要针对不同的目标主体做出相应的制度安排。对银行等金融机构来说，资金安全性、流动性是经营管理的核心原则，政策导向不应一味地强调其对创新企业的支持力度，而应有秩序地引导信贷资金投放，在风险基本可控的情况下鼓励优先支持成功率相对较高的企业，或是在体制机制上寻求突破，通过与不同类型的投资机构合作来分散、缓释风险，满足金融资本对预期回报的要求，实现信贷业务的可持续发展。对各类创业投资机构来说，它们对高风险、高收益的偏好恰恰与科技创新活动相吻合，无论是创新早期介入的风险投资，还是中期的私募股权投资，在带来充裕资金的同时还提供了丰富的管理经验，此类机构的初衷并不是长期持有企业股权，而是在获利后选择恰当的时机退出，因此创业投资市场的蓬勃发展需要多元化的退出渠道与之对接，而多层次资本市场建设为其提供了解决方案。无论是场外交易市场，还是新三板、创业板等场内交易市场，通过转让股权的方式使金融资本所承受的创新风险分散到风险偏好的投资者身上，合理地分配了投资风险和投资收益，只有实现了资本市场当中资源配置功能的完善和价值发现功能的优化，科技创新才能有更好的发展支持。

3. 整体统一与局部差异共存原则

在推动科技创新与金融发展协同演进的过程中，统一的制度设计和执行框架是必要的。我国明确提出创新驱动的发展战略，中国人民银行、中华人民共和国科学技术部（以下简称“科技部”）、中华人民共和国财政部（以下简称“财政部”）等部门陆续发布多项支持科技创新的政策文件，为体制机制改革和金融市场建设提供了保障，金融发展水平与科技创新能力均呈现出提升态势。如果制度设计忽视了连续性、互补性和系统性等特征，就会使制度衔接失当，使政策的执行阻力重重，造成资源浪费，整体功能无法得到发挥。因此，我们要让政策和制度之间高度统一起来，从根本上避免因认识不到位、不深入而导致的工作忽冷忽热问题、重点忽大忽小问题的出现。这里的“认识不到位、不深入”主要指的是对金融发展和科技创新之间的关系、对二者功能的协同方面的认识不充分。

在政策落实的过程中，各区域应根据自身情况做出差异化安排，因地制宜地进行制度改革。科技创新与金融发展协同水平的量化结果表明，耦合协调度在时间和空间维度上呈现出分异特征，与经济发展水平“东高西低”的分布格局基本一致，除了资源禀赋分布不均，由制度供给导致的外部环境差异也是造成非均衡发展的主要原因。无论是制度供给的数量、速度，还是密度、层级，东部地区都表现出了巨大的发展优势，在过去很长一段的发展时间内，我国的东部地区都获得了比较优质的制度性资源，如设立了经济特区，实行了很多优惠的发展政策；在实施某一制度前，会在东部地区进行试点，东部地区成功后再向其他地区推广。

制度变迁有明显的路径依赖特点，也就是说，在制度的发展过程当中制度会进行自我强化。假设初始选择的制度是正确的，那么制度的发展变迁过程就会呈现出良性的发展状态；假设初始选择的制度是错误的，那么制度的发展变迁过程就会呈现出恶性的发展趋势，导致发展始终处于低效率的状态，东西部地区之间的制度不均衡也由此加剧。因此，需要给予中西部地区更宽松的政策环境。如果一个省份的金融比较落后，那么就要进行的是供给侧的金融改革，不仅要向企业投入更多的财政资金，还要号召社会资本投入科技创新企业。

与此同时，要鼓励金融机构为科技创新提供产品和服务，为科技创新建造一个更强包容性的金融环境。如果一个省份的科技比较落后，那么就要进行的是科技的供给侧改革，着力打造更加优质的科技项目，培养科技人才，转变技术的生产方式，从模仿向自主创新进行转变。

（二）科技创新与金融发展协同制度构建内容

1. 建立健全风险补偿机制，实现科技银行独立运营

对科技创新融资进行适当的财政补贴和风险补偿是各国政府的通行做法，即政府通过倾向性的措施引导金融资源向科技创新领域配置，为企业提供隐性的担保，减少金融部门支持科技创新所承受的信用风险。尽管我国政策导向要求科技管理部门和高新产业园区设立相应的贷款风险补偿基金，而大多数基金规模较小，政策覆盖面不足，无法有效补偿金融机构的风险敞口。所以，我们要建设具有多个层次的风险补偿机制，让风险补偿机制不仅涉及贷款层次，还涉及保险方面、创业投资方面，让风险补偿机制发挥作用，为科技创新的融资营造更加开放的投资环境。

在具体操作时，对贷款的风险进行补偿，除了直接的贷款贴息，还可以在财政出资作为种子基金的基础上，联合担保机构共同设立风险补偿基金，专项用于偿还不良贷款，利用市场机制实现政府资金利用效率的提升。在创业投资补偿方面，政府可以从政策制定的角度出台优惠税收政策，减轻投资企业的税收负担。如果出现了投资损失，政府就可以给予补偿，调动此类机

构发掘创新项目、参与创新活动的积极性。对保险的补偿，可以通过政府补贴建立合理的费用分担机制，降低企业的参保成本，推动保险与其他融资渠道深入合作、密切配合，形成风险共担、收益共享的利益共同体。

银行内部管理体制变革对市场配置作用的发挥产生着重要影响，科技银行的设立就是一场经营模式和运作机制的深刻变革。与传统商业银行不同的是，科技银行致力于为风险相对较高、获得超额收益概率较大的科技创新企业提供多样化的金融产品和服务。

世界上第一家商业化发展的科技银行是美国的硅谷银行，它的商业化发展主要利用的是开发适合企业创新的金融产品，实现银行业务和风险投资机构之间的融合。它的主要服务对象是刚刚创立的或者处于成长期而且已经获得风险投资的科技创新型企业，涉及信息技术、网络服务、生物医药等战略新兴行业；在服务模式方面，突破了商业银行禁止参与股权投资的限制，不仅向企业发放贷款，还通过股权收购或贷款附加认股权等方式，直接向企业投资，享受资本增值红利；在服务机制方面，将营业网点设立在风险投资机构聚集的区域，并与这些机构保持长期紧密的业务关系，既为风险投资机构选中的企业提供金融服务，也为机构自身提供服务。

我国商业银行相继设立了为科技创新企业提供金融服务的科技支行，这些支行虽然在完善科技信贷评价指标体系、创新信贷产品和经营模式等方面做出了努力，但与真正意义上的科技银行还存在较大差距。在机构设置方面，国外科技银行拥有独立的法人地位，在经营管理上具有自主性和灵活性。在我国，除了中美合资成立的浦发硅谷银行，其余的科技支行均不具备独立的法人资格。这些科技支行需要遵守总行统一制定的管理规范、操作流程及考核标准，在办理业务时仍然受到风险偏好程度、信贷审批权限和不良贷款容忍度等限制，难以适应科技创新企业融资高风险与高收益并存的特征。

国外的科技银行在建设服务模式的时候，把信贷融资和股权投资进行了综合，这一做法让服务链条变得相对完整，可以为科技创新主体提供一系列的金融服务。国内的科技银行属于科技支行，它的发展会受到分行经营制度的制约，这导致科技支行使用的盈利模式非常单只有贷款利息以及一部分的中间业务，不仅无法利用股权的方式抵消一部分的融资风险，也无法获取科技创新取得的高额回报。此外，行政色彩浓厚、政府过度干预等异化问题也是科技支行面临的困难。

我国目前最需要解决的问题是建设一个独立的、能够进行市场运行的、具备专业知识的科技银行，并且建立科技银行制度。在科技银行建设之后，有关部门应该及时修订之前的银行法律，或为新出现的科技银行制定单独的法律法规，规范其运营状况、牌照申请状况、业务数据范围等。与此同时，要鼓励科技银行进行股权投资，鼓励社会中的资本购买科技银行股份，让科技银行有丰富的组织架构，通过科技银行的建设为科技创新提供源源不断的支持。另外，科技银行内部要组建具备专业技术背景和风险控制能力的核心业务团队，发挥其自身灵活性的优势，与风险投资机构和科技创新企业建立长期业务关系，结合企业现金流的特点设计创新产品，提供差异化的金融服务。

2. 重构资本市场制度框架，推进多层次体系建设

一个层次完备的资本市场体系可以高效地对不同发展阶段的科技创新企业和不同风险偏好的投资者进行匹配，满足资金供需双方的投融资诉求，缓解科技创新活动的融资困境。体系主要涉及两个组成部分：①针对处于种子期或是成立初期的企业，为其设置种子资金或引导资金，以此来推动私募股权投资和风险投资的发展，并且通过筛选选出适合市场中企业发展的资源。②针对已经发展成熟或处于快速成长期的企业，进行场内或场外的融资。与此同时，建立退出渠道，让创业投资机构可以选择退出，进而让资金可以实现良性循环。在资本市场建立方面，可以参考美国。美国设立了金字塔形式的市场结构，处于金字塔上层的是全国证券交易市场，处于金字塔底层的都是比较松散的、市场之外的交易区域。美国建立的全球资本市场为企业和投资者提供服务，并且通过场内和场外之间的交易形成市场互补的格局。市场中既存在全国性交易市场也存在区域交易市场，市场之间可以进行转板，是一种以市场为导向的资本市场发展模式。

与美国不同的是，我国的资本市场发展经历了一个由高到低、逐级建立的过程，在政府主导下形成的多层次体系具有“自上而下”的鲜明特征。因此，我国需要从制度层面完善服务科技创新的多层次资本市场体系，拓展深度和广度，在这个过程中，既要遵循科技创新与金融发展协同的内在演进规律，又要符合我国经济发展的现实背景和科技创新企业的阶段性特征，秉承着“资本市场要服务实体经济”的初衷，对多层次资本市场进行制度性框架重构。

第一，对审核制度的重构。当前使用的审核制度比较注重企业在盈利方面的能力水平，这使得很多科技创新企业都无法进入资本市场，而企业未来的发展主要受到科技创新核心竞争力的影响，所以审核制度必须发生转变，要从注重企业营利能力转变到侧重企业成长、企业经营管理方面，不能只通过观察企业的营利能力就直接判定企业资质的好坏。随着我国市场化程度的不断加深，可以借鉴发达国家的做法，率先在新三板市场试行股票发行注册制，除了审查企业提交的申报文件，主要通过对企业经营过程当中披露出来的信息进行价格判断，进而将发行价格和交易价格连接起来，充分利用市场机制对资源进行配置，这实际上是审核制度的一种渐近式变革。在一定时期内，资本市场不同层级间可能会存在核准制和注册制并存的局面，需等待经验丰富、时机成熟后再统一为注册制审核制度，从本质上激活了资本市场的融资功能。

第二，对信息披露制度的重构。信息披露制度是资本市场监管的重要内容，也是推进注册制改革的核心环节，只有保证企业能够全面、真实、及时地披露经营活动信息，才能使市场更加透明和公平，使投资者利益得到充分保护，从而维持资本市场的良性运转。在执行过程中，可以将强制性信息披露和自愿性信息披露两种方式进行充分的结合。所谓的强制性信息披露指的是在政策和立法方面规定企业应该享有哪些权利、承担哪些义务，并根据企业所处的行业特征和资本市场层级制定一个信息披露的弹性框架，除了规定最低披露标准，还要根据企业的经营状况进行动态调整。此外，还可以采用激励措施促使科技创新企业自愿披露其他信息，如专利质量、市场前景等，并通过引入担保公司、会计师事务所等机构，辅助鉴定信息的真伪和质量。

第三，重新建构转板制度。转板的定义是：受到经营状况或外在环境的影响，导致在某一板块中发生交易的市场主体自愿转移到另一个板块进行交易的行为，或是被迫转移到另一个板块交易的行为。从客观的角度来讲，多层次资本市场体系应该建设一个灵活的转板机制，也就是要在不同的市场中进行自由的升降转板。对我国当前使用的转板机制来讲，它和上市制度之间基本是相同的。企业如果满足新三板市场挂牌的上市要求，那么就可以提交上市申请，经过审批和 IPO 辅导之后就可以上市。转板机制非常复杂、烦琐，市场中较低的流动性以及市场的疲软状态这些问题依然存在，这导致新三板市场没有吸引过多的科技创新企业。所以，我们必须进行转板机制的优化和完善，构建一个自愿转板、强制降板的转板制度。这一制度建立的关键是审核制度应该差异化——针对企业的实际情况进行差异化管理，如果科技创新企业符合上市要求，那么就应该为其顺利进入创业板市场创造条件，以此来为新三板市场吸引更多优质的企业。

对资本市场制度框架的多维重构是解决长期以来深层次、结构性矛盾的重要途径，也是推动资本市场供给侧结构性改革的关键一环。随着各项制度得到落实，将有助于打破资本市场的行政干预和管制，实现真正的市场化运作，发挥市场优胜劣汰的资源配置功能，同时也有利于资本市场由混沌无序到规范有序、由功能缺位到回归本源的根本性改变。

3. 营造包容性金融创新环境，破解股权众筹障碍

以互联网为代表的现代信息技术对人类社会产生了颠覆性影响，对金融市场造成了强烈冲击，从而引发了金融制度的革新。在传统的金融体系中，信息的产生、收集和处理主要通过手工或面对面交流进行，随着 ICT 技术的迅猛发展，已经演变为通过社交网络或借助搜索引擎以及云计算技术来实现。资金的供求信息既可以在社交网络中传递，又不断被搜索引擎甄别，最终获得不同的风险定价状态，大幅提升了金融服务效率。

互联网金融模式的出现对传统的金融服务渠道、支付结算方式、风险管理模式和经营管理理念等产生了重要影响，正在悄然重塑着金融服务业态。由于监管缺位，互联网金融发展初期发生了诸多风险事件，如客户信息泄露、账户资金挪用、风险防控疏松等安全问题，不能否认它顾及了传统金融模式难以涉足的长尾市场，与现有金融体系相互渗透、相互促进。在互联网金融的发展过程中，应该构建一个基于金融消费者权益保护和行业可持续发展的主动性监管框架，监管机构与市场之间建立信息互动共享的机制和风险监测预警机制，包容性地探索金融创新的自由度和边界，并不姑息欺诈等违法犯罪活动。

互联网金融普遍采用的模式是众筹融资，其在科技向生产力转化的过程

中具有重要的作用，可以为科技创新企业带来资金，解决他们的资金难题，将科技创新转化为科技产品，这是互联网金融普惠性和便捷性的集中体现。众筹是一种新的融资模式，它通过网络平台筹集资金，将互联网和传统金融服务相结合，呈现出一种新的发展态势。根据投资者获得的不同形式的回报，众筹又分为商品众筹、股权众筹和公益众筹。

2015 年 9 月，国务院发布了《国务院关于加快构建大众创业万众创新支撑平台的指导意见》①，文件当中强调，可以稳步推进众筹融资的建设和发展，小微企业可以通过众筹平台筹集早期的发展基金。可以说，这份文件肯定了众筹融资的积极作用，众筹融资是对传统股权融资的一种补充。众筹不仅符合我国建设创新型国家的发展要求，也有助于我国的金融体系进行改革。同时众筹在实际应用的过程当中也出现了一些问题。因此，我们应该完善有关法律法规，并且配备对众筹融资模式的监管体系，为众筹模式的发展提供保障，这也是从根本上保证企业的科技创新可以得到资金的支持。

一是尽职调查机制。众筹平台应该要求融资者准确地传递有关项目的信息，运用图片、视频等多种方式展现项目的优势和风险，使投资和融资双方能实现信息对等。一些中小投资者缺乏专业知识，投资经验不足，很难把握创新项目的质量，无法进行准确的评估，这时候就需要众筹平台履行职责，进行详细调查，从中筛选出质量高、可实施性强的项目，对一些不切实际或风险很大的项目应该剔除，这会大大提高众筹成功率，给予投资者信心，保证平台的正常运营。

二是交流反馈机制。众筹平台应该在项目界面设置评论和留言区，使投资和融资的双方实现无障碍沟通。一方面，加强投资者和融资者之间的沟通交流，投资者初步了解了项目信息之后，可以根据自身的消费需求和预期，与融资者进行沟通，使融资者能够了解市场的需求，并根据市场需求对产品进行改良，这不仅可以提高产品走向市场后的成功率，也降低了众筹项目的失败率。另一方面，投资者与潜在的投资者可以进行交流。投资者可以在社区分享自己众筹的感受和经验，对潜在的投资者会有一定的影响或帮助，这种互动过程有助于决策中集体智慧的发挥，从而更好地淘汰劣势项目。

---

① 中国政府网.国务院关于加快构建大众创业万众创新支撑平台的指导意见[J].中华人民共和国国务院公报，2015（29）：7-12.

三是阈值承诺机制。这要求融资者在融资之前设定好融资金额和众筹时间，在众筹结束时，如果能够募集到所需金额，则说明众筹成功，融资者会分批获得资金；反之则众筹失败，资金将被退还给投资者。阈值承诺机制在某种程度上可以减少融资欺诈，为投资者提供安全保障。

在法律当中，还需要明确众筹平台的法律地位，明确参与众筹的主体享有哪些权利，应该承担哪些职责。具体来讲，应该包括以下内容：众筹行业要有一定的进入门槛，要推行牌照制度，为众筹平台设定具体的经营范围，监管众筹平台的业务操作；应该建立第三方，由第三方负责资金的托管，从根本上保证资金的安全，避免资金挪用现象的发生；对融资者发起的项目进行质量审查，对投资者的身份进行考察，根据实际情况划分投资和融资的额度，防止估值过高，减小项目风险。除此之外，针对小额股权的众筹活动建设豁免制度，如果融资者在平台当中众筹的资金数值比较小，那么就可以减少融资的审批步骤，这样会大大节约企业融资的成本。

股权众筹和风险投资都会面临一个相同的问题，就是资金退出的渠道，通过“互联网+”思维将股权众筹平台和市场连接起来，使线上和线下实现贯通，将众筹项目中的优质企业输送到交易市场中，让融资功能转变为交易功能，这是众筹接下来可以选择的一个发展方向。场外交易市场属于不同层次资本市场的一部分，它的存在可以为科技创新企业初期开展科技创新活动提供资金。但是，我们需要注意市场容量是有限的，并且不同的市场在标准的设定方面会有不同，所以短时间内有的企业是没有办法进行挂牌融资的，这也说明市场当中依旧存在大量的资金缺口。

股权众筹平台可以通过大数据评估一个企业创新水平的情况，对它未来的成长价值做出评价，并且把评价结果比较优秀的企业介绍给场外交易市场，由场外交易市场审查公司的实际治理情况，并且持续地为公司提供治理辅导服务、信息披露服务以及股权托管服务，一直到企业可以挂牌融资为止。当企业具备挂牌融资的条件后，券商会协助企业进行股权的公开发行。从科技创新企业的角度来讲，股权众筹这种方式能够让企业通过较低的成本较快地获得企业发展需要的资金。与此同时，这种方式还可以让企业获得来自场外交易市场提供的服务和辅导。通过这种方式，企业可以打下良好的基础，为后续进入其他标准更高的资本市场做铺垫。

4. 建立健全利益协调机制，引导“产学研”协同创新

在科技创新系统当中，创新主体有企业、科研院所以及高校，这三个主体的职能分工不仅相对明确，也有自己的创新资源缺口。企业对创新知识源的需求与高校和科研院所对创新知识源的供给形成了协同创新的要素供需市场。高校和科研院所主要从事科学知识创造、传播以及专业人才培养等工作，在加强基础科学研究的同时，可为企业创新活动提供智力支持和技术保障。相比于企业之间的合作创新，“产学研”协同创新不存在利益获取方之间的竞争，维系协同关系的关键在于辨识出各方的利益关注点，并达成一致的利益分配规则。从交易成本的角度考虑，如果企业获取外部知识的成本小于内部研发的成本，同时高校和科研院所获得的合作收益大于独立研究，如更多的经费支持、更好的社会效益等，“产学研”协同创新就能持续顺利开展。

协同创新既要能够增进社会福利，为经济增长、民生改善做出贡献，也要能够增进创新主体的正当利益。一个完善的“产学研”协同创新运作机制离不开政府的有效引导和规范，在遵循协同演变规律的基础上积极发挥政府职能，有利于科学合理地分配创新资源。除此之外，政府也应该尊重科研院所、高校以及企业提出的协同创新发展的要求，并且解决好不同利益主体之间的利益分配问题。例如，协调处理公共利益和部门利益之间的分配问题。政府引导需要借助有效的机制加以实现，主要包括政策协调、风险共担、创新激励以及绩效评价等机制，它们共同构成了一个引导系统，为“产学研”协同创新指明了发展方向，通过资源共享、优势互补，实现多方合作共赢。

在“产学研”协同创新的过程中，首先，要建立政策协调机制，全面考虑不同政策的调节特点，统筹规划各项政策的运用，引导创新主体的行为。如通过完善差异化的信贷政策和税收政策等为协同创新提供融资支持，缓解资金压力；推动教育体制改革，优化高校人才培养模式，为协同创新补足后备力量，激发创新活力；加快完善科技政策，明确知识产权归属，调动协同创新的积极性，营造有利于科技创新的政策环境。其次，要建立风险共担机制，协同创新面临的成果转化及失败风险，不能仅由单个创新主体承担，企业、高校、科研院所和政府作为利益共同体均有相应的责任，政府在事前可以引导建立风险防范和共担机制，有效识别、分散和规避风险，尽可能地降低风险发生的可能性。再次，要建立创新激励机制，综合运用目标任务激励、

物质精神激励等方式，允许不同生产要素按贡献参与创新收益的分配。不仅要激励企业加大研发投入力度，提升创新能力和竞争力，同时也要激励高校和科研院所面向经济社会发展需求进行科研攻关，提高创新成果的转化率。最后，要建立绩效评价机制，采用定性分析和定量测度相结合的方法，从外部创新环境、内部要素投入、创新成果收益等方面对“产学研”协同创新进行综合评价，找出协同创新的薄弱环节，并有针对性地进行管理和控制。

5. 借鉴现代互联网思维，搭建科技金融服务平台

国际金融服务平台属于科技金融服务体系的一个主要构成部分，金融资源和科技资源的对接需要依赖科技金融服务平台作为对接载体。科技金融服务平台的目标是实现融资，兼具项目管理、信息汇集等职责，通过整合银行与非银行金融机构、中介服务机构、创业投资机构和政府机构等主体，将金融资源配置到关系经济发展质量的科技产业中，致力于为不同成长阶段的科技创新企业提供全方位服务，进一步激活科技创新要素，营造科技创新环境。

科技金融服务平台具有两大优势：一是由资源整合所带来的信息共享与要素流动优势，具体表现为各参与主体可以在政策允许和合作协议的范围内将可用资金、投资经验、融资需求、研发能力等信息进行汇聚整合，形成一个共享数据库，实现创新资源在企业或项目上的供需契合，提高参与机构的运作效率；二是风险管理方面的优势，不同机构具有不同的专业背景和风险控制能力，可以有效识别具有创新能力和成长空间的企业，使投资风险基本可控，同时各机构之间的监督与合作也使整体风险有所降低。

服务平台的搭建可以由政府牵头组织，也可以委托某家金融机构承建，或是通过招标的方式选择适当机构进行运作。我国主流平台通常情况下使用的都是以政府为主导的服务平台构建模式，如广东省、江苏省、上海市使用的都是这种构建模式，这种构建模式不仅能够有效保障平台非营利的公益属性，同时也有能力调动商业银行、担保机构、风险投资机构、会计师事务所等主体参与平台建设与运行的积极性，实现不同金融功能的有机组合并发挥协同效应。虽然平台的构建离不开政府的引导和参与，但平台的运作应始终遵循市场发展规律和市场交易原则，政府在交易的过程当中既是交易的促成者，也是交易的监管者，应该尽量减少对交易进行的干预行为，让平台自主、积极地发挥金融服务作用，不断地提高其自身的运行效率。

在科技金融服务平台的运行过程中，除了要加强部门之间的组织协调，积极采集发布信息，增加数据库的容量，还可以借鉴现代互联网思维，重塑平台的搭建模式和运营理念，享受金融科技化带来的运作效率和质量的提升，充分发挥科技创新与金融发展协同演进对经济增长的促进作用。因为互联网技术可以打破时间限制和空间限制，所以我们可以试着将不同主导类型的区域性平台进行整合，形成一个网络化的科技金融服务平台，借助技术手段打破信息不对称的局面，使信息传递更为通畅、信息共享更为便利，从而实现传统融资方式难以匹敌的金融效率，节约融资交易成本。

在重塑服务平台时，首先，要基于用户思维，让科技创新企业参与到平台建设之中，全方位了解企业用户的服务需求，解决不同发展阶段的核心问题，可以对平台进行细致的分类，将平台分成由政府主导和市场主导两个不同的平台。政府再根据企业的成长阶段选择适合企业的平台，为企业发展提供针对性的个性化的服务，二者分工明确、相互补充，贯通科技创新的整个周期链条。其次，要基于简约思维和极致思维，明确每一种产品和服务的适用范围，简化办事流程，避免冗余复杂的申报环节，给企业和金融机构双方带来高效的对接体验，提高平台用户的忠诚度。再次，要基于社会化思维和流量思维，利用微博、微信等自媒体渠道进行广泛宣传，在节省成本的前提下最大限度地增加用户数量，形成规模效应和示范效应，积累更多的投融资经验。最后，要注意用户提供的反馈数据，根据反馈对平台目前的运营模式进行优化，完善平台的处理流程，在海量数据中挖掘出用户的行为特征，对信用评估和风险管理模型加以完善。

6. 突破行政区划地理边界，促进创新要素自由流动

实现科技创新与金融发展的协同，除了重点发展滞后系统，还可以通过创新要素的流动实现转移过剩的创新要素、吸收短缺的创新要素等功能。科技创新具有集聚效应和规模经济的典型特征，对科技资源的配置要顺应市场规律、符合创新需求，注重创新要素布局与经济水平布局相匹配。由于不同区域在社会环境、经济基础和创新能力等方面存在较大差异，区域创新系统需要在政府的推动下形成。一方面，我们不仅要保证创新要素可以进行跨区域的自由流动，排除所有阻止其自由流动的阻碍，让创新需求比较急切的、环境相对优越的地区更快地获得资金支持、人才支持、技术帮扶，而且政府

部门不可以干预创新要素的自动集聚；另一方面，地理位置相近的区域存在地理临近性，它会影响一个区域的创新溢出效应，所以，在科技创新发展的规划中应该以合作共享为理念，突破地理方面存在的隔阂影响，为创新资源提供更好的空间分布，让创新资源的转移有更多的渠道，可以更加通畅。同时创新发展策略应该设置侧重区域，对不同的区域实行差别化的管理，并且慢慢地缩小不同区域之间存在的差异，在不同的区域之间设置跨区域的创新集或创新带，从而有效地发挥地理邻近效应和协同创新效应。

例如，在《京津冀协同发展规划纲要》① 中将“加快破除体制机制障碍，推动要素市场一体化”列为工作重点，把京津冀地区存在的创新资源变成可以促进社会发展的生产力，这有利于国家创新驱动发展战略的实施，有助于实现经济增长方式的变革。京津冀地区通过协作为创新要素提供了更多的流通途径，扫清了之前的流通障碍，让要素可以更加科学的分配，打破了一直以来的发展瓶颈，释放其发展潜能，引领了区域经济转型与发展。通过区域整体规划达成一致的合作意向和目标，解除了原有的技术标准、税收优惠不一等体制束缚，加强了市场准入和市场监管的协同性，降低了区域交易成本，形成了互联互通的金融市场、技术市场，促进了省域间的要素流动与技术溢出。同时，通过打造科技创新联盟，以科技创新资源引导创新要素集聚，探索建立不同专业领域的多种形式联盟。

第三节　新时期科技创新的趋势与对策

一、“十四五”时期科技创新的发展趋势

随着新一轮产业变革与科技革命的进行，世界上很多国家开始进行战略调整，以追求和平发展为目标，共同努力保护环境。随着国际形势的逐渐变

① 冀丰渊．京津冀协同发展规划纲要[A]．廊坊市应用经济学会．对接京津——解题京津冀一体化与推动区域经济协同发展（对接京津与环首都沿渤海第 13 次论坛[二]）论文集[C]．廊坊：廊坊市应用经济学会，2016：5-14.

化，很多不确定性因素仍然存在并逐渐增加。我国政府针对世界发展的形势以及格局做出了进一步的说明，并对我国现在面临的自然环境以及国际环境做了深入细致的研究。这个分析研究是我国在“十四五”时期科技创新与发展的基础。

（一）世界科技创新的大势

世界科技创新逐渐趋向复杂化，通过研究分析人类发展历史，会发现科技创新在其中的作用是非常重要的，影响也更为深远。当前国际形势复杂多变，存在很多的不稳定性因素，科技创新在此大环境下也随着世界形势的变化逐渐趋于复杂化。

第一，国际科技创新力量开始根据形势进行调整。目前，国际贸易的摩擦逐渐增加，国际产业链以及供应链等开始出现断裂情况，全球经济形势严峻，整体的价值链受其影响较大，面临着重构的局面，各国也在积极进行科技创新，推动新的经济增长。随着科技创新的不断推进，其在全球经济中的影响也逐渐增大。

第二，科技创新是必然，国际合作是趋势。目前全球产业化分工开始逐渐加强，单方面的个体创新已经不能跟上经济发展的态势，必然需要通过合作来获得更多的思路与力量。早在 2019 年的时候，我国就开始大规模地与不同国家与地区（约为 212 个国家）开展合作并发表论文，整体数量约为 20 世纪 80 年代的 2800 多倍。

（二）中国科技创新的优势

我国的科技创新不是闭门造车，不仅具有开放性与交流性，同时还具有很强的合作性。自从改革开放以来，我国科技创新始终坚持以合作为基础，快速实现科技发展，这对我国的科技创新有着非常深远的影响。在国际上，我国也一直以全球视野来研究分析并探索符合科技发展的创新之路，积极与世界创新相融合。后期我国的科技创新仍然会与世界创新体系同步，世界科技创新也离不开我国的创新力量。我国相关的科技创新政策以及法律等正在逐步完善，科技成果以及知识产权等也越来越被重视，我国的科技创新将会为全球科技创新带来新的思路，成为国际科技的新热土。

产业发展是科技创新的基础，想要快速抢占国际市场就需要将二者融合起来。“十三五”期间，我国的整体研发经费一直处于增长状态，在2019年时约为2.21万亿元，比2015年增长了56.3%，在世界研发经费支出中占据第二的位置。世界知识产权发布的全球创新指数中，中国占据的地位也在稳步前进，2020年时就已经从2015年的第29位提升为第14位，由此可见我国的科技创新发展速度飞快。

二、新时期科技创新的实施对策

只有在党的全面领导和所有积极因素的全力配合下，才能使得“十四五”规划和2035年远景目标得以顺利实施，并促进“十四五”科技创新高地核心竞争力的形成。

（一）优化科技创新生态环境

科技创新能力的提升离不开人才生态环境，人才生态环境是吸引和留住科技创新人才的基础，是对科技创新人才进行培养和开发的基础，也是激起科技创新人才创新动机、科技创新人才施展创新才华的土壤。从历史和实践中可得知，党的领导是中国快速发展的关键所在，也是核心竞争力科技创新高地形成的主要保障因素。只有加强党的全面领导，才能促进科技创新主体和科技创新生态环境的优化，并确保我国的创新发展。

（二）打好关键核心技术攻坚战

对经济社会全面发展产生直接制约力的因素在于关键核心技术受制于人，为此，应该在社会主义制度下充分发挥其优势条件，利用国内超大规模市场和完备产业体系条件来促进企业的技术创新，并引进全球高端科技产业技术，促进消化吸收和再创造。同时也要强化自主创新、原发性创新力度，打造具有中国特色的科技核心竞争力，在创新体系中融入教育、产业、科技以及金融等行业，为国内人才输入提供优势条件。

要对国内的教育培训以及配套体系建设予以强化，促进国内基础教育的发展和创新教育的实现，为国际化人才和创新人才的培养提供机会，强化国内科技自主创新培育力量。利用社会主义制度优势来促进核心技术攻坚战的顺利进行，将全国的优势力量集中在特定的科技创新领域中，为国家科技强国目标的实现提供动力。

（三）加强基础研究突破技术壁垒

要促进科技创新和体制机制创新双重动力的发展，既要对基础研究予以重视，也要加强关键核心技术的研究。加快实现“从 0 到 1”的延时创新也是基础研究的主要目标。从发达国家实践可以看出，对基础研究的重视也是关键核心技术攻关和科技领先的前提与基础，只有合理布局好基础研究和关键技术攻关，才能更好地促进国家科技创新体系的形成和改善，只有调动科技人员的自主性和积极性，才能实现国家科技强国的目标。为此，国内需要加强对科技创新和体制机制创新的重视，加强基础研究，并通过不断创新来形成强大的动力。

（四）促进和提升科技成果转化和落地

要更好地实现科技创新，就要以科技自立自强和开放合作为原则，加强科技成果的转化和落地。中国的特色自主创新道路是建立在开放合作原则之上的，而开放合作又是以自立自强为基础的。我国目前科技成果转化率低，和发达国家之间的差距很大。为了解决这一问题，缩小差距，我们需要站在全球的角度开展科技创新，既要致力于融入全球化创新网络，积极主动地参与到全球性的科研伦理活动当中，积极地参与有关科研规划、科研政策的制定活动，还应该对科技创新的法律、政策环境予以优化，并对知识产权进行保护，大量引进国外人才，将中国打造成一个全球创新创业的热门基地。

（五）形成全社会促进科技创新发展新局面

实现科技创新要在党的领导下促进共建、共享、共治的实现，为科技创新发展新局面的形成创造有利条件。科技创新需要大量的人力、财力和物力的投入，所以，应该激发社会力量参与到科技创新活动当中，拉近科技创新和人民群众生活之间的距离，让科技创新向着提高人民生活福祉的方向发展。“十四五”期间，我国的社会关系、行为方式、结构以及心理都将发生一定的变化，要促进“党建引领 + 多元主体共同参与创新”这一新的社会治理模式的产生，以人民作为共建的主要力量和共治的智慧来源，且由人民来享受所获得的成果。所以，在共建、共治、共享的形成过程中，不仅要充分发挥党建的引领作用，还要充分发挥人民群众的共建力量。

第四章　科技创新驱动经济高质量发展的国际经验借鉴

第一节　科技创新驱动经济高质量发展的国际概况

自18世纪英国兴起第一次工业革命以来，西方国家作为主导者先后经历了四次工业革命，这四次工业革命都以科学技术的变革为引领，改变了生产方式。通过四次工业革命，西方国家在国际上奠定了经济领先地位。通过近百年的实践证明，科学技术创新在促进经济增长、提高生产率方面起着重要性的作用。在目前数字与信息化时代，能否把握住科技发展的命脉关键在于对全球创新资源的利用是否有效。

创新既包括思想领域的创新，也包括提高社会效率的创新和挖掘现有资源新价值的创新。国际上的一些大城市通过创建高新科技园区来带动自己国家甚至全球的科技发展，走出了一条属于自己的科技创新道路。例如，全球知名的美国硅谷、英国剑桥城、日本筑波科学城等，这些高科技园区带动了产业的转型升级。科技园区、经济开发区、高科技技术产业集聚区在各个国家的城市中纷纷出现，设立这些园区的目的是将新兴产业都聚集在一起，从而推动经济的发展，这些高科技集聚的地方成为新兴产业和现代化制作业的摇篮。

近些年来，对国外高科技园区的资源配置情况进行研究的视角主要有两种：一种是政府视角，即宏观视角；另一种是企业视角，即微观视角。政府视角的研究主要包括资金投入情况、政策效果、研发活动等方面，在高新科技园区的发展中起着关键性的作用；企业视角的研究主要包括企业资源的优化配置，以及如何高质量地发挥出资源配置的效果和效率。

西方发达国家和中国采取的发展策略不一样，西方政府对科技园区既不制定相关的政策性规定，也不提出发展战略，只是把自己定位成规则制定者。西方政府不以直接的方式参与其中，而是以间接的方式来推动科技园区的发展。这样做的优势主要体现在四个方面：第一，可以促进人才的自由流动；第二，有利于企业之间产权互相转化；第三，形成信息技术相互交流的社会网络；第四，有利于风险投资政策的制定，如税收政策、金融政策等。

从企业视角这一微观层面上研究，可以发现西方的高新科技企业都善于用较少的资源去撬动更多的产品，如英国的卡迪文实验室和西部数据公司，它们就是用很少的资源投入，只要围绕一项或者几项科研成果就能孵化成多个高科技技术公司。其研究中心可能出现集中、并购的情况，进而会在高新技术方面形成集群效应，进一步推动科技园区中新兴战略的突出地位。

高科技园区的发展离不开政府发挥的作用，这无论是在发达国家还是发展中国家都是毋庸置疑的，政府起着引导和激励的作用。例如，美国的 128 号公路高技术园区，它有着“美国技术的高速公路”之称，是美国众多科技创新园区之一，也是最终的科技创新中心，和麻省理工学院、哈佛大学为邻，有七百多家研发机构扎根于此。除了紧邻顶级高校的优势，128 号公路高技术园区能迅速地发展起来和马萨诸塞州实施的激励政策有莫大的关系。这些激励性政策表现在对特定行业和特定公司的财政投入和金融方面提供支持，其中“产学研”相结合的政策是最有效果的政策。同时，马萨诸塞州政府还鼓励园区内发展多种产业，尤其是交通业的发展，应了中国的老话“要想富，先修路”。政府的大力支持使得财政资金流向 128 号公路高技术园区，联邦政府成立了科学与开发局，学术研究人员作为该局的主导者，还有更多的财政拨款投入其中的科技研发中。学术科研、产业研发、政府投入三者的相互协调运作促进了 128 号高技术园区的可持续发展，同时多种产业的共同发展也为科技园区的发展带来了无从各个国家在科技创新方面的投入来进行研究，美国的科技技术水平在世界上首屈一指，政府可以说是高密度、多元化的研发投入。美国硅谷能成为全球的科技创新中心，得益于以下几点。

（1）专业精英人才集聚。紧邻世界名校斯坦福大学，这为硅谷的发展提供了源源不断的优秀人才和企业。

（2）政府、学校、科研机构提供互动交流的平台。帮助科技人才和创业者快速了解周边情况，快速融入硅谷的生活圈中，人与人之间交流共享，企业与企业之间合作互赢。

（3）政府制定的人才保护政策。对高级技术人才，政府制定了一些保护政策，如对劳动方面的法规、移民方面的法规、就业方面的法律进行了调整，以人才资源的自由流动来留住人才。

（4）企业具备高度开放、尊重创造的公司文化。纽约是一座科技创新的城市，生物、航天、纳米、数字信息化等高精端的科技产业都在纽约集聚。然而，这些高科技技术面临着成果转化效率低的困境。为了走出这一困境，纽约州政府借鉴了其他发达高科技园区的成功经验，对科技创新发展战略进行了调整，提出了“东部硅谷”战略，以科技创新为主，在罗斯福岛上建设了“康奈尔科技园区”，旨在促进当地科技技术成果的转化。

德国柏林市政府为了提高科技成果转化率，创办了新型工业园区，加强与世界知名企业——谷歌的合作，吸引全球大量的科研机构、风险投资机构进驻德国。德国高科技工业园区迄今有 40 多年的历史，在这个园区内有 300 多个不同规模、不同产业的科技园区和创新中心，大约有 1.5 万家企业，创业者创业成功率高达 90% 以上。海德堡科技园就是其中的一个典范。海德堡科技园区汇聚了生物制药、环境技术、信息技术等资源，资源配置效率非常高。海德堡科技园十分支持创业企业，联合科研机构和商会共同发起了一个提议即“海德堡创业伙伴”，这个合作为海德堡储备了人才、汇聚了创业资源，如对生物科技领域直接提供创业资金，企业可以通过向“海德堡创业伙伴”提出申请减少房屋租赁费用和水电费用。

高科技企业特别是中小企业，在发展过程中遇到的最大问题就是资金问题。海德堡工业园区有一个“海德堡创新与生物投资基金”，就是致力于帮扶生物、医药方面的企业，进行资金的投入和资金的管理。它具有多层级的投资金融体系，一方面可以满足自身资金需求，另一方面可以给园区其他企业带来融资。在企业创新文化方面、资金投入方面、资源配置方面，海德堡科技园区都做到了尽善尽美，为园区的企业成员提供了强有力的支持。

从目前世界范围内高科技技术园区的情况来看，其都在从传统化发展转向新兴科技发展，这是一个必然的发展趋势。很多国家特别是发达国家，正在逐步形成分布广泛、功能各异的高科技发展网络，目的是通过产业集聚从而产生合力，推动一个城市甚至一个区域的发展。以澳大利亚为例，它的每个州最少设置一个由政府主导开发建设的高新科技园区，在园区中设有科学园和各个行业的技术中心，作用在于促进学术和研究的结合，提高科研成果的转化率，为经济寻找新的增长点。另外，大学和科研单位也会选择科技园区作为自己的实验基地和新兴企业的摇篮。

合作才能共赢，这是不争的事实，所以科技创新也是如此，需要合适的伙伴和准确的战略定位。例如，日本的京都研究园就具备很好的交通条件——距离大阪国际机场和东京国际机场都不远，这种集群效应带来的直接成果就是极大程度上促进了大阪以及东京高新技术相关产业的繁荣。再以美国硅谷、英国剑桥城为例，它们的发展是依赖多所知名高校构成的集群，学校、政府、企业之间互相沟通、相辅相成，这些知名高校的人才和创新能力可以为当地的发展提供源源不断的新生力量。

通过上述论述可知，全球范围内一些著名的科技园区正从传统的科技园区向科技创新中心转变。科技园区的数量在不断增多，研究机构、企业的种类越来越多，随之而来的影响力也渐渐扩大。从某种程度上来说，不能将发达的科技园区简单地定位为产品和技术的生产基地，它甚至可以掌握整个城市或整个国家的科技创新命脉。以美国硅谷为代表的科技园区就是通过与创新机制的结合，充分利用精英人才为企业发展提供了良好的环境。

第二节 科技创新驱动经济高质量发展的国际经验

一、美国硅谷高新技术园区经验借鉴

美国硅谷是全世界首个高新技术园区，其发展是目前全世界所有高新技术园区中最成功的。1970 年左右，美国东部经济超越西部经济，成为美国高新技术产业的引领者，带动美国经济的转型发展，硅谷的电子和计算机产业发展成为全球第一，并以“全球创新大本营”的称号享誉全球。

第二次世界大战之后，弗雷德·特曼教授放弃美国斯坦福大学工程学院院长职位，重新回到西部，并创建了斯坦福研究园，这是世界上第一个工业园区。同一时期，肖克利晶体管公司和从肖克利晶体管公司分离出来的英特尔公司等也发展起来，以硅谷为首的社会技术创新和发展给美国甚至全世界的产业发展和转型带来了质的飞跃。其中“斯坦福研究园”作为众多小科技园的核心，随着其以“硅”为材质的半导体产业的发展，在高新技术发展的重要技术创新发展板块成为美国甚至全世界的模板。1990 年以后，硅谷形成了高新技术产业集群，所有互联网核心技术的发展都集中到硅谷，包括通信、网络设备、半导体、生物科技等。经过半个世纪的发展，“硅谷模式”既成为世界各国纷纷模仿的经典案例，也成为现代高新技术产业的代名词，在世界各国高新技术园区和产业中盛行。

硅谷可谓是全世界高新技术园区中最具有竞争力、最具有创新能力的园区，一方面是由于其早期发展的机遇较好，另一方面是依赖硅谷新兴科学技术的不断更新迭代，以及科研机构的快速发展。纵观整体，尽管世界各地的其他科技园区也带动了本国或地区的经济发展，但是与硅谷相比还是相去甚远。近年来，尽管世界各国的高新技术园区都在不断兴起，但是硅谷模式依然是其他高新技术园区模仿复制的对象，始终难以被超越，所以高新技术产业园区的发展既需要外部环境的支持，也需要内部因素的激励。

（一）美国硅谷的地理条件

科技园区的特点决定了环境和交通对园区的重要性。许多不同国家的成功科技园区都具有相似的特征，需要大量的优秀人才和充沛的资源，随之而来的就是对完善的配套设施以及便利的交通环境的硬性需求，同时不能距离城市太远，硅谷就是一个典型案例。位于旧金山东南的硅谷气候上属于四季皆宜的地中海气候，靠山望海，正对旧金山湾，视野开阔，舒适的环境为科技工作者提供了良好的研究空间。从地理上看，属于西海岸中心城市旧金山，交通便利、通信畅通。优越的环境催生了一个科技中心，也将当地居民的生活质量提升到了一个较高的水平。

（二）美国硅谷的流动机制

作为世界最著名的高新科技园区，硅谷本身对人才就有着巨大的吸引力，吸引着全世界的高精尖技术及学术人才；加之硅谷周边的高等学府云集，培养的人才源源不断地为硅谷提供新鲜血液，硅谷的人才流动性极强。美国本土前往硅谷创业的人带去了人才和资金，相当数量的信息技术、工程技术及数学、科技领域的尖端人才汇集使得资金持续被吸引到硅谷，充裕的资金流也为创新研发提供了保障，对人才有着较大的吸引力，形成了一个漩涡式循环。

据不完全统计，每年从全球其他国家和地区前往硅谷创业的有上万人，这些国际人才普遍有着较高的学历，他们带来的除了资金和知识，还有不同文化背景所具有的创意潜力。这些来自不同教育和文化背景的创业者聚集在硅谷，为思想的碰撞和技术的交流提供了良好的条件，进一步推动了硅谷的创新和技术的繁荣。硅谷的技术壁垒在硅谷内部很容易被打破，这是由于企业对人才的流动性没有制约，职员从上家公司跳槽到硅谷的其他公司，乃至美国境内的其他公司，既不要求技术保密，也不限制员工使用在上家公司所获取的资源。

与宽松的创新环境同时存在的是激烈的竞争，硅谷的公司必须要有强大的竞争力才能存活。技术创新作为发展的前提，创新不分大小，是硅谷每个公司的重点目标，如果技术一旦落后就意味着竞争力下跌，生存也就岌岌可危。这样残酷的竞争环境既为硅谷提供了不断创新的动力，也使得硅谷形成从产品研发到设计生产，再到销售推广等一系列完善的产业链。

（三）美国硅谷的资金供给

硅谷提升和创新科学技术的决定性因素是资金，美国联邦政府采取诸多措施保障资金支持，持续为研发机构、大学以及企业提供研发经费，推进战略新型产业研究，保障国防、材料以及通信等方面基础研究不断加快、持续深入，并进一步研究如何将高科技成果进行转化并应用到实际产业中。同时，美国联邦政府为了鼓励大学生与企业共同进行创新研究，还提供了低息贷款。

为了给硅谷的创新型高科技企业提供长期、稳定的金融服务，美国政府还在硅谷设立了硅谷银行（silicon valley bank，简称 SVB）。SVB 集团包括 SVB、SVB 资本和 SVB 全球三个板块，一方面在硅谷内部负责风险投资，另一方面在全球 4 个国家中拥有发达高科技产业的城市设立了 5 个办公室，通过与多家风险投资基金和私募股权投资基金的紧密合作，为相关产业提供银行融资服务。这 4 个国家中的 5 个城市分别为：中国的上海、英国的伦敦、印度的孟买和班加罗尔、以色列的荷兹利亚。

SVB 通过高利率快速地为创新型且高速发展的新兴高科技中小企业提供贷款，SVB 开放的金融服务将硅谷的创业氛围营造得更加浓厚。在硅谷，科技创新公司和风投公司在某种程度上是“血脉一体”、共同存亡的，硅谷集合了全世界不同学科、各个领域的骨干精英，而硅谷银行的存在为硅谷的创新发展提供了强有力的资金后盾。

（四）美国硅谷的知识资源

第二次世界大战后，全世界各国都需要有一个恢复期，尤其是作为主战场的亚欧大陆。美国本土未曾经历战争，这也为其战后的发展提供了一个更高的起点。

硅谷的经济发展离不开各大高校的学术推动，在以斯坦福大学为主的高等院校的带领下，一大批技术创新成果如晶体管、集成电路核心技术、微信息处理技术等相继被研发出来，加速了硅谷经济的崛起。同时加州大学伯克利分校、圣克拉拉大学、圣何塞大学等 8 所大学和专科学院 10 余所，以及技工学校等 30 余所也在硅谷开设，并与硅谷有着紧密的合作关系。这些学校中的教师和科研人员可以入职企业，或者进行自主创业。这样做的好处主要有：第一，学校与企业的紧密联系，可以让老师将理论转化为实践经验，有利于眼界的开阔和知识更新，同时能将大学的科技成果与企业进行转化，进而使产—学—研协作创新机制得以完善；第二，创业者创业成功后，往往会给学校进行捐赠，从而促进学校与企业合作的良性循环发展。

（五）美国硅谷的政策支持

美国硅谷的发展离不开政策的支持，大学提供人才，企业和投资者提供资金，有了这两项基础条件，另外，就是获取政府的支持，制定有利于园区发展的政策，推动园区的产业向着更有利的方向发展。从表面上看，政府部门、企业与科研机构是平等的关系，政府只是从辅助的角度为园区提供发展便利，实际上缺少了政府的政策和订单支持，硅谷的发展将会受到极大的制约。因此，政府在硅谷发展中扮演着一个不可或缺的重要角色。

《购买美国产品法》于1933年由美国国会颁布，该法明确提出，联邦政府在签字购买物资采购合同或公共建设项目合同时，必须承担购买美国制造的产品的义务。2012年后，美国政府通过内外施策的方式扶持中小企业，如颁布《中小企业技术创新法案》，抵税政策开始实施，人才引进机制更加灵活。与此同时，中小企业H-1B签证计划的实行为引进国外优秀人才提供了有效保障。在资金支持方面，持续优化硅谷风险投资机制。创办中小企业局，提供贷款担保业务，在一定程度上解决了中小企业贷款难的问题。同时为了给高回报、高风险的科技创新领域吸引投资，美国政府还出台了相应的信用担保、贴息等金融政策。

此外，美国健全的法律体系、完善的市场规则和严格的反垄断政策等，使得企业竞争环境保持公平，竞争秩序平稳有序。随着利好政策的不断推行，硅谷的中小企业获得了快速而稳定的发展。

（六）美国硅谷的创新文化

美国硅谷成为全世界最著名的科技园区绝非偶然，硅谷的创新模式不受制约。在这里，人们敢于质疑权威，除了实现自身抱负，还怀着改变行业、改变世界的愿景，因此这里吸引了全世界敢于大胆创新的人，他们不但有冒险精神且勇于面对失败，不断进行新的尝试，而且来自不同国家和地区的人们带来的多元文化也为创新提供了灵感。硅谷的企业在对创新鼓励的同时，也会给予员工极大的支持，包括创立自己的公司。

硅谷的创新精神成就了许多公司，谷歌、苹果、英特尔就是其中的翘楚，这些企业的成功不仅在于自己发展壮大，还产出了风靡全球的产品，从技术到外观设计再到体验感，20世纪无人能出其右，因此“创新工厂”这个称呼对硅谷再合适不过了。

二、德国典型高科技产业园区经验借鉴

第二次世界大战以后的德国对高新技术的研发和发展极其重视，并建设了很多科技园区，这一重要举措使德同经济迅速发展，成功迈入世界强国的行列，直至21世纪，德国的GDP都一直位于世界前列。1983年，在英、美两国的挑战和启发之下，德国建立了西柏林革新与创新中心，这是德国的第

一个科学园区。德国科技园区的建设晚于英、美等国家，但其主要形式以“研发园区”“技术园区”和“孵化中心”为主，发展速度非常快，比较典型的有以下三个，分别是慕尼黑高科技工业园区、阿德勒斯霍夫高科技产业园区和海德堡科技园区。

慕尼黑高科技工业园区位于世界十大著名高科技工业园区之列，其创办人为慕尼黑市政府和慕尼黑商会，创办时间是1984年，位置在慕尼黑西北部，占地约2000平方米。1990年以来，由于慕尼黑高科技工业园的发展与高科技企业的技术创新非常符合，同时也有利于高新技术企业提升竞争力，其园区占地面积扩张为4000平方米。园区对现代科技的开发非常重视，其发展核心是高科技跨国公司，开发领域主要有工业产业、激光、纳米、生物技术等。同时慕尼黑高科技工业园区也是德国高科技产业孵化中心，享誉全球的宝马汽车公司和西门子电器公司就是在这里孵化出来的。同时，对传统产业的提升和扶持受到了慕尼黑高科技工业园的重视。为解决因园区不断上涨的地价导致传统产业离开园区的问题，在进行园区筹办时，为帮助传统企业转型和平稳发展，政府既降低了园区地价，还出资为在职人员进行技术培训和职业技能提升。

海德堡科技园成立于1985年，股东是海德堡政府和莱茵内卡工商会，地处海德堡市大学校园，其他市区也有其研究场所。海德堡科技园拥有雄厚的科研实力，主要以生命科学著称，主要研究方向包括四个方面：生物技术、生物信息学、医药技术、环境技术。同时该园区还为多个研究单位提供实验室或实验基地，比较著名的研究单位包括欧洲分子生物实验室和德国癌症研究所。另外，其与多个生物科学研发、医疗等单位保持着密切的合作，包括罗切医疗公司以及诺尔公司等，除上述单位外，在生物技术以及生物科学等领域与80余家中小型公司也有着密切合作。

阿德勒斯霍夫高科技产业园区创办于1991年，位于德国首都柏林东南部，占地约4200平方米。园区具有优越的地理位置，周围有5个高科技技术中心。同时该园区还聚集了商业区、住宅区、媒体中心和公园等，拥有良好的生态环境和便利的交通，所以又有“欧洲最现代化的科技园”“欧洲最大的综合性一体化技术园区”等称号。园区的发展重点是科技、经济和媒体，拥有的高新技术企业园有四个，对应的领域为：机电技术、信息及技术媒体、环境与生物、材料与微系统。无论是在产业基础方面还是科研方面，该园区均具有较强的实力，与德国其他科技园区相比，它是最成功的一个。园区的优势主要体现在以下四个方面：一是拥有世界领先的光伏、信息、生物和材料技术；二是成功孵化的企业数量位居世界前列；三是园区的企业产品拥有较高的技术含量；四是具有较高的园区单位面积产值。

（一）德国的政府保障与政策激励

德国政府在高科技园区发展中主要从三个方面对其进行保障。

一是直接参与园区建设，从政策和资金上为高科技产业园提供保障。传统产业在转向高新科技创新发展中面临着不小的风险，对此德国政府出台政策为企业提供税收和技术的支持，降低这类企业的税收和地价，为其提供所需的支持和服务；为吸引高科技企业，制定优惠政策；为形成高科技产业集群，政府会直接出资建设高科技产业园区，如海德堡科技园区、慕尼黑高科技产业园、西柏林革新创新中心等都是政府出资建设的园区。此外，政府还会连通科研机构与企业，促进双方达成合作，提高科技研发速度。

二是筹措科研经费。德国中央政府和地方政府联合企业与金融界为科研筹措经费，为高科技研发提供资金保障，因此德国在研发经费上的投入一直处于较高水平，GDP 占比高于绝大多数国家和地区。德国对待高科技研发的态度，使其科研水平一直处于世界前列。

三是对中小科技型企业的支持。德国为科技型中小企业提供的帮助非常充分，从发展环境到资金和事务的帮助为中小型科技企业的发展创造了良好的条件。在发展环境上，中央和各级地方政府着力监管市场竞争，防范垄断的产生，让中小型企业有发展的空间，提升其竞争力；在资金和事务上，政府为首次创业者提供专利申请等事务上的咨询服务，并会为其提供资金帮助，助力科技成果产业化。政府引导大学应届毕业生前往中小型企业求职，鼓励中小企业接纳大学毕业生，从而将新鲜血液输送到中小型科技企业，促进科技发展创新。

（二）德国的高校协作与互补机制

科技园区的发展离不开学术加持，较为成功的科技园区大多都与高等院校关系密切，尤其是研发实力强大并具有相关学术成果的院校，这类院校是科技园区依托的对象，企业与此类高等院校合作能够对园区自身技术的研发起到关键性作用。德国的诸多高科技产业园与本国内外多所高校有密切的联系，与高校合作不仅便于获取高科技人才，也能够与高校合作研发，研发成果能够更快地转化为产品提供给市场。从高校的角度看，与企业合作能够对市场有更深入的了解，在培养人才上能够及时调整方向，能够提升学生的就业率和提升就业竞争力以及院校的行业竞争力。

德国许多高等院校在科技产业园的建设和孵化器的发展中都起到了重要的作用，不仅是新生人才，高等院校的教育者也成为科技产业的研发骨干，学校的实验设备和场所企业能够共同使用，德国科技产业园的发展由此走上了一条校企合作的坦途。以位于柏林的洪堡大学为例，这所大学是德国一流的综合性研究型大学，创立于1810年，拥有多项重要学术研究成果。自1997年开始，洪堡大学开始与科技园区进行合作，陆续有6个研究所和多个科研机构入驻科技园区，同时将学校的实验场所和科研设备对外开放，加强校企交流。在这样的合作模式下，洪堡大学的学生与企业之间有了更多的交流、联系，学生会选择到科技园区进行实习或就业、创业。校企强强联合，共享资源，极大地提高了资源利用率，促进了产业规模化发展，企业和院校的竞争力也进一步增强，逐渐形成为产业优势。

（三）德国的职能扩展与优化服务

德国的高新科技园区由于政府的介入性强、统筹规划合理，形成了各园区不同的产业侧重，互相合作，避免了恶性竞争。园区产业种类多，分布合理，包括信息技术、材料科学、生物技术、机电技术、微电子、食品等领域。各园区的发展都有自己的侧重点，如海德堡科技园区以生命科学为中心，发展生物技术、医药技术、生物信息学以及环境科学等，因此被称为“生命科学中心”。慕尼黑高科技工业园区主要开发现代科学技术，如激光、纳米、生物技术等，集中在工业产业；阿德勒斯霍夫高科技产业园区分为多个高科技技术园，主要围绕经济、科技以及媒体产业研究。从以上几个经济园区研究重点来看，德国不仅注重传统科技，对新技术领域包括媒介宣传领域也都有强大的实力和话语权，因此德国成为欧洲创新的“领头羊”，并成为欧洲最大的技术出口国。

德国的高科技工业园不仅产出研发成果和产品，也是孵化企业的中心，其孵化器作用极其强大。产业园强大的科技实力加上政府的扶持，进入园区的企业有极高的孵化成功率，高校和科研机构的合作助力更是研发市场化的强大推动力。同时孵化中小企业还为社会解决了就业问题，提供了大量岗位，促进了经济的增长。

（四）德国的合作机制与管理制度

德国高科技产业园区的合作方式多样性强，各部门各机构协作性强，中央和地方政府的支持与协作为高科技产业园区的发展提供了强大的助力。每个科技园区的管理方式虽然不尽相同，但都有完善的管理服务体系对园区运作加以保障。

海德堡科技园的管理工作由海德堡科技园有限公司承担，公司建立了完善的管理服务体系，为企业提供服务，监管企业行为。园区在建设过程中与莱茵内卡房地产和海德堡储蓄银行有长期合作，保障了园区的建设和各项资金需求。

慕尼黑高科技工业园区是由市政府和商会合作建立的管理招商中心，为园区内的企业提供多项服务。管理招商中心引进现代企业管理制度，对园区运作状况进行整理把控，包括为有入园意向的企业提供其所需的服务，保证科技孵化楼的企业入住率等。管理招商中心有向监管会汇报园区运行情况的义务，定期会进行汇总上报。

阿德勒斯霍夫高科技产业园的管理委托给了 WISTA 公司，WISTA 公司稳定的资金来源也由此得到了保障，园区的管理由各个部门分工合作，实验和投资项目申请方面主要由创新与创业中心负责。另外，国际创业中心主要提供办公方面的服务。

（五）德国的风险投资及金融服务

风险投资主要是面向新公司或者中小型企业，这类公司未上市，其中许多虽然有很好的创新理念和发展前景，但资金不足、创业经验和风险承担能力不够，而风险投资具有这类企业没有的特质，资金充裕且有着丰富的商业经验，能够帮助企业发展，为其提供资金和管理经验。风险投资能够帮助有潜力的中小企业得到快速稳定的发展，成为有竞争力的科技企业。因此风险投资对产业发展具有重要的意义，能够提高地区高新技术产业化水平，提升企业孵化成功率，高新技术产业在这些地区能够得到快速发展。

风险投资需要政府监管，德国政府对风险投资的监管和帮助主要体现在税收的优惠及政策的干预上，为企业提供税收和政策上的优惠，在鼓励本土资本的同时吸引外来资本。德国的风险投资行业发展迅速，孵化了大量的上市公司，为高科技产业园的发展做出了巨大的贡献。

三、日本筑波科学城经验借鉴

20 世纪 50 年代末期，日本在东京的筑波山麓建立了高新科技园区——筑波科学城。建设园区的主要目的是通过技术实现日本的立国目标，它的建筑位置选择非常用心，自然环境不但非常优美，而且面积广阔，同时它和成田国际机场距离比较短，交通来往非常便利。不仅如此，筑波科学城在环境建设方面也是非常人性化的，整体追求系统化、自然化。例如，在筑波世纪科技博览会结束之后，建设了很多的公园、广场、绿地，为当地的文化发展、经济发展都打下了良好基础。

筑波科学城是由日本政府建设起来的，在政府的帮助下慢慢发展成世界知名园区，政府既会为其发展提供资金，也会为其制定发展策略，它的选址、建设、发展规划都是由政府负责的。所以，相对硅谷这样自主建立的园区，筑波科学城是不同的，它在资金起点、政策起点方面都有较大的优势。在政府的规划和帮助下，历经 60 余年的发展，筑波科学城不但已成为日本发达程度最高的科学工业园区，而且它是日本科技的发展中心，在日本科技发展方面有重大的贡献。

（一）日本筑波科学城的起源

20 世纪 50 年代，东京面临较大的发展压力，当时日本的科学技术发展缺少一个有效载体。在这样的情况下，日本开始建设筑波科学城，并且把国内 30% 的国立科研机构都迁移到了筑波科学园区内。筑波科学城刚刚建立的时候，政府虽然为其发展投入了大量资金，但是筑波科学城的整体发展速度缓慢，没有获得较多的创新成果。这是因为筑波科学城在其成立之后的十年内不注重科学城和工业之间的交流，没有将获得的科技成果投入生产，没有实行产品商业化发展，导致科技创新产品比较少，特别是高技术产品比较少。当时的筑波主要依赖的是农业，在很长一段时间内都是将农业收入作为其发展的主要经济来源，完全不符合它作为东京科学城的形象。

后来，随着日本发展中心的转移，高科技产业得到了更多的关注。在这之前，日本国内高新科技产业的发展依赖的是从美国、欧洲引进先进技术，对先进技术进行模仿，后来才开始发展自己的高科技产业。第二次世界大战期间，相比其他国家，日本积累了大量资金，没有受到战争的过大影响，这为其未来的工业发展打下了良好的基础，由此，日本经济获得了快速的增长。

筑波科学城在发展的同时，其体制机制却没有及时更新，这在一定程度上限制了筑波科学城的发展。当时日本政府使用的高度垂直管理模式并不适合高速扩张发展之后的筑波科学城，这种管理方式是由国家设立综合科学技术会议，由国家制定科技政策，这种方式虽然避免了权力的拆分，国家可以更好地掌控科技，但是这种管理方式导致科技发展活力不足，技术在创新方面的发展速度非常缓慢。

高科技产业的发展不仅需要高投入，还要承担高风险，所以政府在管理高科技园区的时候不仅要为科技园区的发展投入资金，培育具有代表性的高新技术企业，还要关注体制改革，呼吁企业使用股份制作为企业机制，并且成立科技金融机构，为企业发展提供更多的融资渠道。与此同时，政府要改革自己的管理体制，垂直的管理模式对企业研究机构以及高校之间的交流产生了一定的限制，进而导致研究出来的成果没有较高的时效性，无法得到充分的开发应用。在原有的管理模式下，研究人员和创新回报之间没有过多的关联，这对筑波科学城的发展产生了不利影响。

（二）日本筑波科学城的转型

日本政府真正开始对其管理方式做出调整和创新是在1989年，日本政府在深入研究了筑波科学城的发展历程以及当时的发展空间后，颁布了新政策以试图摆脱筑波科学城的发展困局，在管理模式上，抛弃了垂直管理模式，将权力更多地放给科技园区中的企业，并且联合企业和高校形成共同协作的“三螺旋结构”，共同进行产品的研发和推广。与此同时，政府还出台了新的筑波计划，将筑波科技园区的发展重心定位在高新技术产业方向，并且慢慢地开始进行基础研究，所以，从20世纪90年代之后，筑波科学城的发展就步入了再创发展阶段。

经过30年的发展之后，筑波已经成为名副其实的研究城市，并在生物医学、理工科学、建筑等方面都取得了一定的研究成果，这可以从筑波科学城取得的技术成果数量、人才数量的变化中得到验证。到2011年时，将筑波科学城不仅成为国际战略综合特区，而且日本政府赋予筑波科学城更多的权力，减少了政策上的某些限制。当前，筑波科学城制定的战略发展目标不仅是面向未来持续推进全球化发展，而且在基础研究方面也加大了建设力度。如今人们再提起筑波科学城已经想不起它“科技乌托邦”的称号了，人们认为它更多的是当今技术的引领者。

（三）日本筑波科学城的启示

日本筑波科学城的建设和发展历程对正在进行科技创新建设的国家有非常大的借鉴意义，具体体现在以下四个方面。

第一，科技园区中的政府、高校以及企业处于平等地位，因为只有地位平等才能实现区域协调发展。仅仅建立科研机构之间的联系是不够的，政府在建立机构之间的联系时还应该引入市场机制，注重基础研究，在加强基础研究的基础上，联合企业实现研究和应用之间的结合，让科研成果投入市场中实现产业化生产，加快科研成果的转化速度，形成更快的产业链流动。只有这样，才能在全球科技兴起中占有重要位置，掌握更多的话语权。

第二，日本政府在对筑波科学城进行管理的时候，由于它使用的是垂直管理方式，所以对科技园区的干预有些过度，使得园区的管理体现出计划经济的感觉。这种管理方式不仅要求园区内的企业和研究机构开展研究的时候提供复杂的资料，项目的申请也需要复杂的手续，这在一定程度上降低了研究效率。不仅如此，由于研究者的成果和收入之间没有直接关联，研究人员的积极性、主动性没有被调动起来，长期发展之后，园区中国有企业的竞争力慢慢地下降，相比同时期的硅谷，其创业氛围明显不足，没有拼搏和冒险的热情。这一切和政府的包办管理脱离不了关系，由于资金的引入由政府主导，人才的引入也由政府主导，这就导致园区的体制相对僵化，没有形成良好的市场竞争氛围，与全球范围内同时期的其他科技园区相比，筑波科学城的发展速度比较缓慢。

第三，转换研究人员的培养方式和使用方式。以往的研究人员是由政府进行分配的，后来政府开始鼓励企业和研究机构根据自己的需求自主选拔人才。这一做法提高了研究人员的积极性，以及内部人员的流动性，虽然日本的教育发展相比其他国家有优势，但是日本也有一个非常严重的问题，那就是少子化、老龄化，这些都不利于日本培养科技人才，社会中不但存在比较严重的性别歧视，教育体系的发展也相对固化，没有创新，就业情况不稳定，这些都使得很多人不愿意攻读研究生或者博士，同时环境也不利于毕业后就业。如果长期这样发展下去，那么日本整体的创新积极性、创新能力就会有所下降。

第四，要注重人才和环境国际化之间的对接。这一点对提高科技城的国际竞争能力是非常重要的，科技城在建设的过程中不仅要建设国际化的设施，还应该在园区内营造国际氛围。筑波科学城中有来自各个国家的科研人员，如美国人、中国人、韩国人等，这其中所占比例较大的是亚洲人。这种国际化人才的引进不仅在园区内形成了国际氛围，而且国际之间的交流互动也得到了增强，更重要的是，它在一定程度上促进了科技成果的转化。

到 21 世纪之后，日本政府意识到了在筑波科学城管理方面的失误，由此开始调节政府和市场之间的关系。下放权力，对筑波科学城的建设逐渐放宽管制，并且在科学城内部建立产业集群、知识集群，通过集群的方式保护创新型中小企业的发展和成长。此外，日本政府还建立了科技中介机构，以此来加速技术的转移和营销，让新技术尽快转化成产品。与此同时，日本政府不仅专门为博士后设立了稳定的工作职位，针对社会中的性别歧视问题还鼓励女性参与科学研究工作，并且为她们提供研究经费。除此之外，日本政府还建立了更加科学、公开的评价机制，以此来保障青年研究人员可以获得公平公正的晋升机会与发展空间。日本筑波科学城使用的战略、进行的制度改革，以及对人才制订的培养方案，对我国高新科技园区的发展具有参考作用。

四、韩国大德研发特区经验借鉴

韩国大德科技园于 1973 年成立，是韩国的“硅谷”。从 2005 年起，该科技园更名为“大德研发特区”。它地处韩国中部，临近忠清南道大田，与首尔相距 160 公里。截至目前，它不仅是韩国最大的“产学研”基地，也是最大规模的新产业培育基地。历史上，韩国是农产品出口国，直至第二次世界大战结束后，韩国开启科技转型，并沿着这个方向迅速发展，成为 20 世纪新兴工业国中的一员。

大德研发特区的目标明确，通过开发高精尖技术、持续培养一大批高科技人才、创办新兴产业基地，进而促进研究成果转化，推动韩国发展。该特区的建立不仅将韩国高精尖技术、人才聚集在一起，也意味着韩国科学技术地位排在了世界前列。与其他地区类似，韩国大德科技园也是以模仿到创新的方式发展起来的，它参照日本筑波科技园，并学习硅谷管理模式，逐步实现了创新发展。1989 年，该特区首家风险企业成立，由大德创办。风险企业的成立激起了企业家的创业热情，韩国企业大量引进国外技术，并进行深度研究学习，极大程度上促进了大德研发特区的转型，促使其从资本密集型逐渐转变为技术密集型。

（一）韩国大德研发特区的转型历程

韩国大德研发特区是韩国为了经济发展、社会发展而建设的，以生命科学、通信、材料、能源为主要研究方向的技术研究开发特区，韩国政府希望它发挥的作用是带动社会的长远发展以及经济的持续发展。大德研发特区中不仅有很多研究所，还有很多大学研究院，它们是韩国科技发展的主要促进者，韩国的很多科技成果、科技创新都是出自它们之手。这些大学研究院的主要产业一直位于价值链的上游，其发现或者产出的成果大多都是位于科技前沿的创新成果，例如，制造的人造卫星阿里郎、发现的黑猩猩基因图谱、创造的超薄膜分析技术、制作的动态随机存取存储器等。

大德研发特区是由韩国政府主导的，政府在特区内建设了高新技术产业聚集区，实行的机制是产学官研之间的配合机制。在成立之初，大德研发特区属于教育科研型的园区，在经过发展转型之后，它已经因为韩国最为顶尖的技术研发特区，其转型历程如表 4-1 所示[①]。

① 朱之鑫，张燕生，马庆斌．中国经济由高速增长转向高质量发展研究 [M]．北京：中国经济出版社，2019.

表 4-1　大德研发特区的转型历程

	第一阶段（1962—1989 年）	第二阶段（1990—2004 年）	第三阶段（2005 年至今）
园区定位	国家级科学教育中心	教育科研与生产并重的科学园区	集“产学研”一体化的研究开发特区
主要职能	教育科研	教育科研、促进科技成果转化	教育科研、技术转移、科技成果产业化、风险投资、技术商业化
阶段特点	初期阶段：政府高度干预，地方产业发展较为缓慢，科技成果转化率较低	调整阶段：大量民营机构向大德科技园内搬迁，建立高科技风险企业，大德科技园开始向多元化、高科技的模式转变	发展阶段：高科技型公司数量增长、规模扩大；“产学研”体系逐渐完善

第一，模仿阶段，从 1962 年开始一直持续到 1989 年。1962 年，韩国制订了第一个经济五年计划。当时的韩国领导人认识到了科学技术对未来经济发展的重要作用，所以开始着手建设科技研究机构，并且于 1966 年在汉城（今首尔）成功建设了韩国科技技术研究所。后来，参考日本筑波科技园区的建设，在韩国中部腹地，也就是忠清南道大田建设了广为人知的大德研究园区，并且将研究院所、高校引入园区当中。园区最开始模仿世界领先的技术，然后在模仿中不断探索，1989 年在园区成立了首家风险企业。这家企业的出现代表大德研发特区模仿阶段的结束。

第二，过渡转型阶段，从 1990 年开始，到 2004 年结束。园区在成立首家风险企业之后吸引了其他企业，园区内各个企业有极高的积极性，积极参与创新创业。企业的壮大吸引了投资商来投资，园区早期从国外引进的先进技术也被消化吸收，开始逐渐产出自己的新技术、新成果。也就是说，大德研究特区已经步入了过渡转型阶段。到 2001 年时，大德研究特区内的风险企业达到了 340 家，俨然成为韩国科技产业的集聚地区，这时大德研究园区有了一个更响亮的名字——大德谷。但是，随后爆发的金融危机导致园区内很多企业被迫关闭，很多人员面临失业或下岗问题，这对园区的发展产生了不利的影响。但是，企业数量减少之后，剩余企业可以更好地吸收先进技术，这在一定程度上加速了园区企业从资金密集型企业转向技术密集型企业。

第三，研究开发阶段，开始于 2005 年，一直维持到今天。2005 年，韩国政府颁发了《大德研究开发特区法》，目的是让企业进行自主技术研发，自主承担技术成果向产业的转化。这一法律推动了大德研究开发特区新兴产业的出现，促进了“产学研”的一体化发展，让韩国科学技术有了更高的活力。2005 年之后，园区内出现了越来越多的研究机构，成立了越来越多的高科技公司，吸纳了很多高科技人才，彻底实现了从技术的消化吸收向技术自主研发的转变。例如，大德研发特区完成了人造地球卫星阿里郎的自主开发，完成了“韩国型原子炉”科研项目的研究。

大德研发特区经历了近 50 年的开发和建设，发展到目前为止，已经成为 21 世纪韩国经济增长的主要动力。它的发展与时俱进主要历经了三个步骤：第一步，将所有的创新聚集起来；第二步，让创新创业最终形成产业成果；第三步，挖掘成果的商业价值。经历这三个步骤的发展之后，大德研发特区俨然已成为全球创新的主要聚集地之一。

（二）韩国大德研发特区的发展模式

首先，技术创新加速了产业的集聚发展。大德研发特区在选址的时候选择建设在大学和科学研究院周围，并且注重技术的创新发展，以此来推动韩国的产业发展，与此同时，它还共享知识、共享数据信息、共享技术，将科学研究机构聚集在一起，加速了科技成果向产品的转化，以此让科技成果能够维持高效的产出状态。韩国在举办大田世博会之后，大田地区的第三工业区和第四工业区开始入驻大德研发特区，这一做法促进了大德特区和大田产业之间的融合发展。

其次，通过风险企业促进园区的科技发展。风险企业具有研究和开发能力，韩国的大德研发特区在发展的过程中学习了当时美国硅谷的发展模式，利用风险企业推动了本国的科技产业发展以及重工业发展。大德研发特区聚集了很多高科技产业，与此同时，它还结合了政府、研究机构、高校作为自己的技术创新依靠，所以，园区内聚集了很多具有研究与开发基础的风险企业。这些企业的特点是产品不仅涉及范围广、有雄厚的产业基础，而且其中很多企业都是由研究机构的人员创办的。

随着园区后续发展速度的加快，研究与开发风险企业获得的投资越来越多，园区的高科技产业也得到了快速的发展和进步，与此同时，还带动了韩国的经济发展。根据调查研究表明，从 2000 年开始，大德研发特区当中风险企业的发展使得韩国的出口额有明显的增加，进而刺激了韩国 GDP 的增长。此外，企业数量的增加不仅为人才提供了更多的就业岗位，而且企业的成长壮大提高了社会需求，促进了国内经济增长，国内的经济增长使得企业可以获得更多的资金，至此，形成了科技产业发展的良性循环。

最后，产、学、研之间实行“多对一”的互助。在韩国建设科技园区之前，美国已经成功地建立了硅谷，日本成功建立了筑波科学城，所以大德研发特区的建设参考了它们的经验。它借鉴了之前两个园区实行的“产学研”合作方式，将高校引入科技园区当中。大学不仅是创新技术的主要来源，还可以培养科技人才，科技园将高校引入进来不仅可以为其进行技术创新、技术转移提供场所，还能提供资源、技术。可以说科技园区和高校之间的合作对彼此的发展都是非常有利的，并且二者之间的结合有利于发挥产业集群效应。大德研发特区周围一共有五所韩国顶尖学校——韩国科学技术院、中南大学、韩国科学与技术大学、韩南大学和大德大学。

其中，韩国科学技术院主要研究的是科学技术，隶属于韩国科学技术部，现建有尖端科学研究所、科学英才教育研究所、数学研究所、纳米科学技术研究所、机械技术研究所和人工卫星研究中心、脑科学研究中心、半导体设计教育研究中心等，以及不同领域的研究室，堪称韩国基础和高技术研究的摇篮。同时，它的科技成果转化率也位居韩国第一位，它的存在对大德研发特区来讲是至关重要的。韩国科学与技术大学是韩国非常著名的理工类大学，主要研究科技和经济之间的结合发展，有许多重要学科，如说技术经济学科、风险投资学科、计划管理学科等。它培养偏向综合类的人才，这些人才可以实现产、学、研之间的充分对接，是韩国科技成果产业化发展不可缺少的人才。高校和科技园区之间的结合形成的是“多对一”的发展模式，这种发展模式促进了大德研发特区科学技术的发展，技术的创新发展、转移发展。

第三节 国际科技园区的发展经验对我国的重要启示

从世界上各个国家发展高新技术园区的经验上看，有这样一个特点：大学和研究所与企业之间的合作是一个国家建设先进高新科技园、创新型城市、制定新兴产业发展战略的核心。我国高科技园区的建设应当借鉴国际上先进的发展模式，找准创新驱动的关键，这将对我国科技园区的发展有重大的启示。

一、突出重点明确定位

设立科技园区的目的是什么？这是政府首先要明确的。成立高科技园区是为了搞研究、推动产业转型，还是为了推动科技成果的转化，只有先将发展目标确定好、抓好重点工作，才能做到资源的合理使用。

考虑到一些特定因素和城市建设、产业发展的规划，科技园大多坐落于首都、特大城市或中心城市周边。这样选址的原因有两个：第一，距离城市较近，可以整合利用城市现有的发展资源和要素，加速科技园区的发展，在土地和劳动力方面都具有一定的优势，在城市周边土地成本相对市中心要低，劳动力也能得到充足的保障。第二，科技园区选址在城市周边，没有市中心的热闹和拥堵，这是优势的同时也是一定的劣势，不易留住人才。加强配套设施建设，尽量为留住人才提供一个良好的生活环境。政府要高瞻远瞩，合理规划科技园区各项建设，为大城市缓解压力。

二、利用优势扩大集群

各个高新科技园区仅找准自己定位还远远不够，还要了解自身的长处。充分发挥优势，构建企业家、专业技术人才等关系网络，同时人才与资源之间的构建也十分重要。政府和企业应当是战略合作的关系，不应给企业过多的束缚，而是应发挥企业的能动性，合理利用当地资源，推动企业和当地经济生态的和谐发展。从国外发展高新技术园区的模式来看，高新技术园区多数设立在大学周边，科技园区的定位不能只看到企业在借助外力的帮助下蓬勃发展，还应看到当地学校与周围优势企业之间建立合作。例如美国国立卫生院对堪萨斯大学进行了大量的资金资助，使得堪萨斯大学汇聚了大量的生物科技企业，并且利用这一优势吸引了大量的优秀人才，生物实验室纷纷成立，不仅提高了生物科学方面的研究成果质量，也为当地“产学研”结合提供了平台。

从我国现有的高科技园区来看，大多数是设立在高校旁边，在发展过程中也面临着一定的问题，如产、学、研、官之间的合作密度不够；科技园区内的企业没有形成产业链，只是简单的地理位置上的集聚，造成科技园区成果转化率低、资源浪费的现象等。从他国发展科技园区的经验来看，我国科技园区在今后的发展中应当考虑当地实际状况和人才优势，发展适合当地情况的特色产业和创新集聚群，协调市场和企业对接，加强学校与企业之间的合作，提高科技成果转化率。

三、搭好服务创新桥梁

科学研究机构在创新发展过程中起到核心的推动作用，想要提高科研成果转化率，最重要的途径就是加强大学与企业之间的密切合作。以世界知名的硅谷和斯坦福大学为例，斯坦福大学在硅谷成立了众多研究中心，它们是大学最新研究信息流向产业界的渠道。科学研究机构以校企研发人员共同合作为基础，以高科技项目为纽带，加上充足的经费及国际一流的研究设备和仪器，每年可培养大量人才，诞生大量属于世界先进水平的高新技术成果，进而为合作企业带来丰厚的经济效益。从世界各地创办的成功的科技园区来看，高新技术产业的发展需要市场经济的制度环境。借鉴发达地区的经验做法，我国政府也需要放手，让企业充分发挥自身的能动性，不大包大揽，并要充分发挥市场经济的作用。

各个国家都在改变发展策略，以日本为例，日本政府原来对产业的发展实行垂直管理、高度干预的模式，现在逐步转向宽松、开放、包容的营商环境，同时科技园区的政策规定也在逐步放松。从过去若干年的发展历程看，过去的政策倾向大型企业，近些年来，中小企业对经济发展的促进作用逐渐被政府重视，同时，中小企业对保障就业的作用越来越明显。所以，政府开始支持中小企业的发展，并制定出一系列政策法规保障中小企业的发展。在资金融资方面，政府设立了多种项目的企业援助资金，对新型创新企业优先支持；政府在不断完善融资政策，制定了风险投资、金融、税收等方面的规定，对知识产权制度进行了完善和保护，发挥了桥梁作用以沟通产、学、研三方面。所以说，政府在高科技产业发展过程中要发挥合理的导向作用。

四、以人为本激励创新

建设高新科技园区具有多方面的重要意义，一方面，高新科技园区为“产学研”提供了合作交流平台；另一方面，高科技园区不仅在培育新兴产业、缓解就业压力等问题上发挥了重大作用，而且高新科技园区的建设有利于我国创新发展战略目标的实现。对人才的培养不能仅停留在理论方面，还要鼓励高校和企业联合培养学生，增加创新创业课堂，提升学生的实践能力。通过多种形式的创新教学活动。例如，给予学生与企业家对话的机会，将真实案例与课本知识相融合，设立大学创业园、创业基地等，为创业人员提供创业渠道和创业平台。

高新技术的研发运用离不开人才，所以在人才培养和引进上需要有完善的制度，对人才进行优化配置，针对不同的产业领域引进不同的人才，如重点产业领域可以考虑引进培养高精尖复合型人才。政府在人才引进和培育方面应当有所作为，要加强人才引进的政策引导，制定人才引进机制。

让制定人才引进政策、给予人才奖励成为高新科技园区吸引人才的基本途径，尤其针对高层次人才，园区通过成立专项基金，用来补贴人才引进和培养的费用支出。另外，在人才引进和培养机制方面还需要完善优化，如着重引进或培养复合型高技术人才和创新型人才，以促进当地高新技术产业的发展。

五、合理分配资源供给

高科技园区的规划要考虑地区产业发展和空间布局，只有实现资源优化配置才能保证科技园区有序规划、统一管理。在高科技园区的建设过程中，大学、产业、人才是重要的考虑因素，在成立之初就要考虑实现人才和资源的集聚。高科技园区在经济发展方面发挥着重要的作用，不仅能够促进产品更新，还能够调整产业结构，促进产业转型升级。可以说，高科技园区在一个城市或者一个国家的发展中具有不可替代的作用。

我国的高科技园区在以前可以说没有自主创新，承揽的都是外国外包业务，而现在正在转向自主创新发展之路，不再是单纯的加工者。

我国高科技园区在进行资源配置的时候应有侧重点，应构建持续稳定的创新机制：一是运用规章制度进行科研管理，不给企业和科研人员增加压力，营造轻松的科研环境；二是将权力下放，在资金支配、决策选择上给予企业最大的自主权，优化创新资源的配置与供给，让科研人员能安心搞科研，让科技资源更好地为企业服务。

第四节　科技赋能生产要素——释放高质量发展活力

中国经济正由高速增长阶段转向高质量发展阶段。成功实现这一阶段性目标的关键，在于生产要素的高端化。这对中国决胜全面建成小康社会、开启全面建设社会主义现代化国家新征程具有重要意义。本节对生产要素进行历史性考察，进而探索出知识经济时代至关重要的生产要素。

一、历史考察生产要素，不断催生新生产力

人既是生产要素，又是生产要素的创造者，还是生产要素的活化者。影响生产力的因素是相互关联和相互依存的，要评估每个单独因素对国民经济整体生产率的影响是一项艰巨的任务。本节将简要回顾一些重要生产要素的影响。

（一）人类进步的基础就是生产要素不断被挖掘的过程

在人类社会不断发展的历史进程中，很多生产要素都做出了重要的贡献，只是不同阶段不同要素贡献大小有所区别。

1. 技术发展

技术发展对影响工业生产率起着重要作用。在生产过程中应用动力和机械改进，以前所未有的速度促进了工业化水平的提高，并使我们看到了在应用科学和应用领域仍然有广阔而未被开发的前沿领域。

技术因素包括机械化程度，技术知识，产品设计等。任何技术因素的改善都将有助于提高工业生产率。在印度，机械动力的应用，半自动和自动机器的引入，生产工艺的改进，生产率集成以及更高的专业化程度为工业生产率的提高做出了很大贡献。

2. 人力资源质量

人力发挥重要作用。在大多数行业中提高工业生产率，如果劳动力没有足够的资格和（或）没有适当的动力，那么提高工业生产率所采取的所有步骤将不会对员工的绩效和态度产生任何影响，也不会对任何工业部门的生产率产生巨大影响。影响劳动生产率的三个重要因素是：一是工人的能力，二是工人的意愿，三是工人必须工作的环境。

3. 资本

如果没有足够的资本来进行技术改进和对工人进行适当的培训，那么提高工业生产率的雄心勃勃的计划就只能是梦想。

引入的机械化程度越高，对资金的需求就越大。同时还将需要资金用于研发活动，广告宣传，为工人提供更好的工作条件，维持工厂和机器的维护等。

4. 管理人才

管理人才的重要性随着技术的发展而增加。需要职业经理人更好地利用新技术。由于现代企业规模庞大，因此管理者必须具有想象力、判断力和愿意模仿的意愿。

管理人员应该致力于了解他们对企业所有者、工人、客户、供应商的社会责任。如果管理者想要有效地管理其企业，那么对政府和社会而言，这是至关重要的。管理人员应具有概念、人际关系和技术技能，以提高企业的生产率。

5. 政府政策

政府的工业政策对工业生产率有重要影响；政府应制定和执行这样的政策，为储蓄、投资、资本从一个工业部门流向另一个工业部门和保护国家资源创造有利条件。对某些行业可以给予保护，并且出于国家利益的考虑，可以鼓励其他行业发展。

政府应实行不妨碍业务进一步扩展的税收政策。同时政府还有责任制止垄断企业利润的增长，以免损害消费者和工人的利益。

6. 自然资源

自然因素，如自然，地理和气候演变，对工业生产率会产生相当大的影响。这些因素的相对重要性取决于工业生产的商品和服务的性质以及对物理条件的控制程度。

地质和物理因素在决定采矿业（如煤矿）的生产率中起着非常重要的作用，其中人均物理产出在很大程度上受制于煤矿深度、煤层厚度、地形的影响区域和可用煤炭的质量。在裁缝、制粉、制袜、制皂、糖果、中粗棉制造等其他行业中，地理、地质和物理因素对生产率的影响很小。

7. 技术知识和通识教育

从未有人怀疑技术知识的水平直接影响着发展的步伐。随着科学技术知识的进步，人类发明出越来越多的先进生产技术，从而稳定地提高了生产力水平。

熊彼特对企业家的创新印象深刻，他将资本主义的发展归因于企业家阶层的创新作用。由于技术现在已经变得高度复杂，因此必须关注研发以进一步发展。在线性均质生产函数和不影响资本与劳动力替代率的中性技术变化的假设下，罗伯特·索洛观察到，教育对美国人均小时产出增加的贡献在1909年和1949年比任何其他因素都要多。

（二）非生产要素会影响经济发展

从现有的历史证据来看，很明显，非生产要素在发展中与生产要素同等重要，将对经济发展过程产生重大影响。

1. 政治自由

纵观近代世界历史，人们发现发展和不发达是相互联系的，孤立地看待它们是错误的。众所周知，过去是英国殖民地的印度、巴基斯坦、孟加拉国、斯里兰卡、马来西亚、肯尼亚和其他一些国家经济的欠发达与英格兰的发展有关。

达达拜·纳罗吉在他的经典著作《印度的贫穷与不列颠统治》中坦率地解释说，在英国统治下，印度的财富流失是这段时期印度贫穷加剧的主要原因，这反过来又遏制了印度的经济发展。

2. 社会组织

大众参与发展计划是社会价值加速增长过程的前提。但是，只有当人们感到增加的成果将得到公平分配时，人们才会对发展活动表现出兴趣。来自许多国家的经验表明，每当有缺陷的社会组织允许某些精英团体利用增长的收益时，广大民众都会对国家的发展计划产生冷漠。在这种情况下，希望群众参加国家承担的发展项目是徒劳的。

印度在整个发展计划期间的经验就是一个很好的例子。工业中垄断的增长和现代部门中经济实力的集中已是不争的事实。此外，新的农业战略已经产生了一些富裕的农民，在农村地区的农民之间造成了巨大的差距。

3. 腐败

腐败在多数发展中国家的各个级别中都很普遍，并且在国家经济的增长过程中起到了负面作用。除非这些国家根除其行政管理体制中的腐败现象，否则资本家、贸易商和其他有实力的经济阶级为了个人利益继续利用本国资源，这是很自然的。同时监管系统也经常被滥用。在某些欠发达国家，社会的某些阶层不仅已经完善了逃税的技巧，而且常常在政府官员的纵容下逃税。

4. 渴望发展

开发活动不是机械过程。任何国家的经济增长速度在很大程度上取决于人们的发展愿望。如果某个国家的意识水平很低，而广大人民已经接受了贫困作为其命运，那么发展的希望就很小了。理查德·吉尔指出，关键是经济发展不是机械过程，这不是各种因素的简单累加。与所有人类企业一样，其结果将最终取决于承担人员的技能、素质和态度。

二、科技是第一生产力，知识扩散加速增长

全球已进入第四次技术革命和第三次科学革命联袂突破的关键时期，科技创新导致了产业革命的迭代叠加，科技创新的速度决定着产业创新的速度，进而决定着国家的竞争力。决定科技创新的主要是科学家团队。只是到

了 21 世纪，信息技术、生物技术和纳米技术融合突破，加之认知科学大时代的到来，先进的科学装置成为科技突破的重要载体，不仅像以往那样单打独斗的科学突破时代几乎不可能了，单一的科学家团队也难以支撑中国国家发展的战略需求，需要培育科学家阶层。

科学是规律，技术是工具，是手段和方法。本节将对科技这一生产要素在高质量发展中的重要性及机理进行剖析。

（一）科技是经济的核心驱动力

历史事实和经济数据都告诉我们，全球经济的核心驱动力是科技。全球经济的指数级增长，始于蒸汽机的发明及其引领的工业革命。此后数次的世界经济大发展都得益于划时代的科技发明—— PC、软件、互联网等。当代世界，各类前沿科技更是层出不穷，形成了人工智能、虚拟现实、大数据、基因编辑等科技叠加的科技爆炸时代。可以说，经济的长期发展靠的是科技的持续突破，一时一地的政策走向从长远来看对经济发展的影响十分有限。

第一，科技决定经济发展的基本面，政策调控只是辅助手段。例如，英国的世界经济领导者地位被美国替代，其核心的原因是美国的科技实力冠绝全球，无论英国如何调控也不可能回到世界第一的地位。

第二，政策对经济的调控是有滞后性的。

第三，科技虽然很难在短期对经济产生影响，但是对经济发展的中期和长期影响都非常大。

（二）知识重要性不断提升

哈佛大学社会学教授加里·金说：“这是一场革命，庞大的数据资源使得各个领域开始了量化进程，无论学术界、商界还是政府，所有领域都将开始这种进程。”麦肯锡称：“数据，已经渗透到当今每一个行业和业务智能领域，成为重要的生产因素。人们对海量数据的挖掘和运用，预示着新一波生产率增长和消费者盈余浪潮的到来。”

知识可以包括技能、经验和教育。知识可以帮助我们找到解决各种问题的方法。如果我们有知识，我们就可以指导他人的决定并帮助他们改善生活。无论我们是谁，无论我们多大年龄，如果我们拥有对他人有用的知识，那么这些人就会尊重我们。

拥有知识确实可以给我们一种自我满足和自信的感觉。无论我们一生中遇到多少考验，我们始终可以依靠知识。此外，如果我们发现自己面临生活中的考验，那么知识就可以使我们找到解决问题的方法，从而进一步树立我们的自尊心。除了我们使用自己的技能和知识来应对生活中的挑战，还可以增强信心。

寻求和发现知识的过程不仅教会我们对生活持积极态度，也教会我们要有动力，决心，与世界互动和自力更生。这也使我们充满了热情和喜悦，毕竟人类喜欢学习新事物，而发现新事实的过程本身就是一个美好的结局。

三、劳动为财富之父，培养高端人才成为国策

无论社会形态如何演变，劳动一直具有重要的地位。随着社会分工协作的不断细化，附着于劳动者身上的技能价值日益凸显。

（一）人才成为新时代的第一生产要素

一个国家的竞争，说到底就是人才的竞争。一个国家人才的质量和数量决定着这个国家科技水平的高低。英国经济学家哈比森在《国民财富的人力资源》中写道："人力资源是国民财富的最终基础。资本和自然资源是被动的生产要素，人是积累资本，开发自然资源，建立社会、经济和政治并推动国家向前发展的主动力量。显而易见，一个国家如果不能发展人们的知识和技能，就不能发展任何新的东西。"

人力资源是经济发展的重要因素。人为生产提供了劳动力，如果在一个国家中劳动是有效率的和熟练的，其为增长做出贡献的能力肯定就会很高。但是，如果人力资源仍未得到利用或人力管理仍存在缺陷，则那些本可以为增长活动做出积极贡献的人就被证明是经济负担。

（二）教育是技能开发和培训的重要方式

大约 90% 的就业机会需要职业技能。毕业生中很多由于缺乏就业技能而无法找到合适的工作。在当前的全球化背景下，企业对熟练和多技能熟练工人的需求已经增加，企业员工迫切需要高质量的技能开发和培训。

我国的传统教育体系过于强调书本知识。因此，当一个人毕业时，他 /

她将很难在现实生活中运用这些知识。从小学到高中，学校课程涵盖的科目是语言（母语 / 外国语言），数学、科学和技术，社会科学，艺术教育，体育锻炼等。课程既没有涵盖就业技能的组成部分，也没有选择向学生介绍不同的职业。

在大多数发达国家，从 16 岁开始，即从高中开始，就开始向学生介绍正式技能。同时这些国家的教育系统还为学生提供了横向和纵向移动的机会，以实现他们在主流教育中的学术愿望。德国、瑞士、美国、新加坡、日本和斯里兰卡以及北欧国家的职业系统相对完善。

在我国，受到主流教育的个人享有较高的地位。对那些无法受到主流教育的人或社会中的弱势群体，职业教育被视为一种勉强的选择。我国需要加快职业教育的发展，同时鼓励个人终身学习。终身学习，甚至是在家简单阅读和工作中的在线学习，都有助于减缓与年龄有关的技能下降的速度。

目前传统教育存在或者做得不够好的领域还有很多。这无疑将是下一步创业最大的蓝海，同时也是广大数字游民寻找创业灵感最大的源泉之一。

瑞米特在他的旗舰互联网内容创业课程“从零出发”提出过一个很著名的有关互联网内容创业的商业模式“98%”，就是说内容创造者应该把 98% 内容免费提供给大众，而把剩下的 2% 做成付费产品以较高的价格出售给一部分铁杆受众，从而实现变现。瑞米特自己就是 98% 模式的践行者。

瑞米特成长于一个典型的印度移民家庭，受到家庭教育的影响，他在未上大学之前就对个人理财和赚钱产生了浓厚的兴趣。2004 年从斯坦福大学毕业后，他开始写一个名为“我来教你致富（I will teach you to be rich）”的博客，虽然这个博客名字超级俗套，但是内容质量可一点都不含糊，很快获得了很多忠实读者。2006 年，瑞米特试探性地在他的网站上发布了一本名为《瑞米特行乐指南（Ramit’ s 2007 Guide to Kicking Ass）》的电子书，售价 4.95 美元。他原本以为能卖出去四五本就不错了，结果这本书卖了 1000 本。尝到了甜头后，他继续在博客上输出高质量的内容，很快有出版社伸来了橄榄枝。2009 年他出版了跟自己博客同名的著作《我来教你致富（I will teach you to be rich）》，这本书成为《纽约时报》和《华尔街日报》的双料畅销书。在这之后，他仍然笔耕不辍，在自己的博客上发布大量优质的内容，同时他遵循自己的 98% 原则，围绕自己博客的主题内容打造了诸如“赚 1 千美元（Earn

1 K）”“找到理想的工作（Find Your Dream Job）”等旗舰产品，这些产品最低的价格也要500美元，高的要2000美元以上，但是仍然有大量的人购买，而瑞米特也通过售卖这些课程每年创造出上千万美元的收入。

如果你只读上面的一段文字，可能就会觉得他的成功案例是个非常轻松的创业故事，让你产生如法炮制的欲望。但是你并不知道的是，他在大学本科期间就是互联网营销大师瑟斯谷丁（Seth Godin）的实习生，并参与出版了畅销书《免费力量大（Free Prize Inside）》；曾经在斯坦福大学的说服力技术实验室（Persuasive Technology Lab）参与有关科技对于人类行为影响的研究；获得了斯坦福大学的社会心理学硕士学位。这些都是知识的输入过程。没有这些输入，他后来就不可能创造出那些优秀的课程。

四、资本提高创富能力，推动经济高质量增长

进入工业社会后，资本的价值一路扶摇直上。进入知识经济时代，资本的价值依然不容忽视。

（一）资本是价值增加的催化剂

资本在现代生产体系中起着至关重要的作用。我们难以想象没有资本的生产。大自然无法为人类提供商品和材料，除非拥有用于采矿、农业、林业、灰烬等的工具和机械。如果人类不得不赤手空拳地在贫瘠的土壤上劳动，生产力就会很低。即使在原始阶段，人也使用一些工具来协助进行生产工作。原始人利用基本工具，如用弓箭狩猎和用捕鱼网捕鱼。现代生产需要精密的工具和机器。

随着技术和专业化的增长，资金变得更加重要。借助资本可以生产更多的商品。实际上，现代经济具有更高的生产率，这主要是由于在生产过程中广泛使用了资本，即机械、工具和设备。资本的投入极大地提高了工人的生产率，从而提高了整个经济的生产率。

由于在提高生产力方面的作用，因此资本在经济发展过程中占据着中心地位。实际上，资本积累是经济发展的核心。无论是像美国这样的自由企业经济，或者是像苏联这样的计划经济，或者是印度的混合经济，如果没有资本形成就不可能实现经济发展。

（二）资本赋能其他生产要素

资本现在被认为是重要的生产要素之一。它在现代生产系统中起着至关重要的作用。

1. 资本有助于提高生产力

如今，资本在生产中起着非常重要的作用。目前，没有“资本”的生产是无法想象的。除非有机器、工具和设备，否则“土地”（自然）和劳动力（人）就不能用于生产商品和商品。

随着技术的发展和生产系统的专业化，资本的作用变得更加重要。

资本在提高生产力方面起着非常重要的作用。例如，在手摇纺织机上工作的工人每天只能生产几米的布料。在电动织机上工作的工人可以生产多倍的布料。这意味着资本可以提高效率。

在一天中，农民可以用拖拉机耕种许多英亩的土地。如果经济欠发达国家想要致富，其必须拥有更好的机器和更好的技术。

事实上，在美国，英国和日本等发达国家广泛使用机械和工具实际上已经产生了更高的产量。工人对资本的广泛使用大大提高了他们的生产效率和货物生产水平。

2. 资本是经济发展的核心

资本在经济发展过程中占据中心地位。没有足够的机器、工具、灌溉系统、水坝、桥梁、工厂、道路、铁路等，任何国家的经济发展都是不可能的。

无论哪一类国家都需要充足的资本存量来促进经济发展。没有足够先进设备和现代资本的国家将导致落后和不发达。因此，资本是经济发展的核心。

3. 资本创造更多就业机会

随着人口的增长，必须充分增加资本存量，以便为更多的劳动力提供就业机会。如果资本存量的增加，即机器、工具、工厂等的增加不足或跟不上劳动力的增长，就会增加失业率。因此，资本有助于提供更多的就业机会。

4. 资本有助于维护国家安全

现代战争要使用现代和先进的武器，如坦克、导弹、炸弹、战机等。所有这些都可以制造和供应给一个国家的军队，这需要有完善的工厂和良好的资本存量制造这些防御设备。

资本存量必须足以满足工厂、军事和海军基地的要求。没有充足的资本存量，就不可能维持装备精良的国防部队。实际上，一个国家的实力与资本存量直接相关。像美国、英国和俄罗斯这样的国家之所以被称为大国，就是因为它们拥有庞大的国防设备资本存量。

因此，资本在维护国家安全中起着非常重要的作用。

（三）资本对中国经济增长的历史考察

中国是一个资本投资占 GDP 比例很高的国家。投资是过去四十年来快速增长的关键驱动力。中国资本支出占 GDP 的比重从 20 世纪 70 年代的不到 30% 增长到 20 世纪 90 年代中期的 40% 以上。自 2000 年以来仍在进一步增长。在大多数先进的经合组织国家，这个比重现在约占 GDP 的 20%-25% 或更少。

资本支出的增加将对需求和供给方产生重要影响，包括对国民收入的正乘数效应。

需求副作用：增加对资本货物的支出增加了对制造技术、硬件、建筑行业的需求。

供应副作用：投资与提高生产率，扩大国家生产能力，降低单位成本，如通过利用规模经济，因此是潜在国家产出增加的根源。

评估投资重要性的方法是考虑容量、成本和竞争力。更高水平的投资应该允许企业降低每个单位产品的生产成本，增加供应能力，并在海外市场变得更具有竞争力。

虽然投资很重要，尤其是用于推动国家基础设施的资本支出，但更重要的是要考虑投资质量。质量低劣的资本项目对增长影响有限。

由于工人需要适当的培训来使用新机器，因此高水平的投资本身可能不足以创造增长，新资本支出与产出和生产力的最终影响它们之间将存在时间差。

低收入国家的储蓄难以增加。投资可能需要通过借贷来融资，从而导致外债增加。

如果消费者对商品和服务的需求不足，不断增长的资本存量可能就会导致产能过剩，从而对价格和利润产生下行压力，即价格通缩的风险。

投资可能是不平衡的。例如，过多的资本用于投机性房地产（住房）项目而不是投资新业务。

可能存在额外投资收益递减的风险，即资本支出的特定增加导致一个国家的 GDP 增长较小。

当增长是资本密集型时，更高的利润就会流向资本的所有者和企业，而不是生产投资品。结果可能是收入增加和财富不平等，因为其他经济部门得不到增长带来的好处。数百万消费者的实际收入和消费能力可能很少受到注入经济资本投资的影响。

五、创意产生新的动能，成为创造财富新引擎

走高质量发展之路，激发创意经济活力，推动新旧动能转换正当其时。在此过程中，创意解决财富从 0 到 1 的问题。

（一）创意产生新动能

创意经济是全球经济中最具活力的部门之一，具有强大的社会经济发展变革力量。 创意经济涉及经济、文化、技术和社会方面之间的界面。 以创意为主要推动力，该行业集中于具有创意内容、文化价值和市场目标的产品和服务。 创意产品和服务是有弹性的，因为它们依赖于想法、知识、技能和抓住新机会的能力。

“创意产业”一词开始用于描述一系列活动，其中一些活动只有在数字技术出现时才出现。其中许多活动具有强烈的文化根源，“文化产业”一词已被用于描述戏剧、舞蹈、音乐、电影、视觉艺术和遗产领域，尽管这一术语本身存在争议，因为许多艺术家认为这种做法有些贬低他们所做的事情。

狭义的文化产业和更广泛的新创意产业对许多国家的经济发展日益重要，并提供大量就业机会。但是，没有一个政府试图衡量这些产业的整体经济贡献或者从战略角度考虑其重要性。美国政府近百年来一直保护和培育其电影业，不仅是因为它对美国经济的价值，而且因为它预测了美国文化在世界各地的影响力。虽然它们不像航空航天，制药或汽车被视为部门那样构成一个容易识别的工业“部门”，所有这些活动的共同点在于，它们依赖于个人的创造才能和知识产权的产生。此外，将它们视为一个“部门”，无论定

义多么武断，它们都是广泛的行业和专业的一部分，从广告到旅游，并且有证据表明，创意部门的技能和工作方式正在影响其他经济领域特别是数字技术的使用。

（二）创意价值的衡量

根据联合国贸易和发展会议的定义，创意经济是指以创意资产为依托、以现代科技为手段的一系列知识经济活动，其核心是创意产业。创意经济至少有四个特征：

第一，以人的创造力为核心要素。

第二，以文化艺术创新为发展动力。

第三，以知识产权的占有和交易为基本模式。

第四，以现代城市为承载空间。

1997 年，英国新当选的工党政府决定尝试定义并评估创意经济对英国经济的直接影响。根据澳大利亚于 1994 年发表的一项研究，以及受邀的一群创意企业家的建议，政府的文化、媒体和体育部出版了《创意产业地图绘制文件 1998》，列出了 13 个活动领域。然而，有不少人批评该产业门类划分标准。

第一，批评者认为，个人的创造力和才能是该产业活动领域的核心，从生物科学到工程学。该产业划分标准并不包括建立在系统分析和探究基础上的科学家和工程师的创造性工作，而是将注意力集中在社会和文化领域中更随机的创造力驱动因素上。

第二，该标准没有区分大企业和中小微企业。在通过拥有和利用知识产权而受益的企业中，通常是规模庞大、资本雄厚的跨国集团企业。然而，很少有证据证明其运营方式具有“创造力”。事实上，创新和创意往往来自资本不足的中小企业或微型企业。这两种公司彼此之间的差别虽然很大，但它们都被定义为“创意产业”的一部分。

（三）创意成为创富的重要路径

知识经济时代，创富的路径与农业或者工业社会大相径庭。在此过程中，创意起到了举足轻重的作用，解决了财富从 0 到 1 的问题。

Intel 在 2018 年的 CES 主题演讲过程中，在舞台上放飞了 110 架 Mini

Shooting Star 无人机。作为灯光秀闭幕表演，它打破了室内无人机飞行的吉尼斯纪录。其实不仅是无人机，数字皮肤，交互视频，互动式全息投影等技术手段，也已经越来越多地被应用到各种演出现场和 MV 制作中了。这些都还只是科技应用于创意经济中的一部分。创意经济产生需要一定的基础条件。

人工智能（AI）已经在帮助我们使产品和服务更加个性化。在美食领域，日本的一组研究人员创建了一个 AI，该 AI 不仅可以识别葡萄酒，还可以提出互补的奶酪建议。如今，跟上一流的时装屋意味着使用 AI 更好地预测人们想要穿的衣服。在媒体中，新闻的个性化正在成为一种日益普遍的现象。分发个性化新闻的应用程序正在与知名的竞争者竞争，这些参与者最近才开始将 AI 集成到他们的业务模型中。数字出版商可以使用 AI 来学习用户的浏览习惯。当与其他可用数据（如位置或社交媒体活动）结合使用时，个人可以接收针对其兴趣领域、个性甚至情绪而量身定制的新闻推荐。

增强现实、虚拟现实、人工智能和区块链将从根本上破坏我们在创意经济中生产和消费内容的方式。此外，在许多国家，创意经济是增长和就业的重要且不断增长的新引擎。实际上，据估计，创意产业在全球雇用了近 3000 万人。2015 年创意经济对整体经济的每小时价值就达到了惊人的 1400 万美元。

（四）创意高端化其他生产要素

“创意产业”的概念及其重要性得到了世界上几乎所有政府的认可，并开始让位于更广泛的“创意经济”这一更具包容性的概念。当然，将特定行业定义为“创造性”的愿望仍然存在，并且无疑将继续如此。在一些国家，这些定义围绕着艺术和文化。有些国家有更广泛的定义，包括食品和美食，因为食品和美食具有经济与文化意义。有些国家的定义包括完善的行业，如出版、软件、广告和设计等。

世界各地越来越多的政策分析家和统计人员在思考如何评估创意产业的真正影响时，就越明显需要进行更多的基本反思。首先，艺术和创意产业与数字技术的融合产生了全新的行业和技能，这些行业和技能未被国际公认的衡量经济活动的模板所捕捉，即所谓的“SIC”和“SOC”代码（标准工业分类和标准职业分类）。这会产生不正常的影响，使政府无法看到重要的新技能和财富创造领域，并使国际比较变得几乎不可能。同时还有其他明显的异常现象，即并非创意产业中的每一份工作都是“创造性的”，在创意产业范围之外的许多工作，不过有人选择定义它们，显然非常具有创造性。英国组织内斯塔和其他人一起开始探索这个领域，得出的结论是，“非创意”行业的创造性工作数量可能大于创意产业中创造性工作的数量。此外，数字技术的巨大影响正在改变每个行业，无论是否有创意，而互联网正在为新的创意表达开辟了不断变化的各种平台。反过来，这些平台产生了各种新的，非常明显的创意业务。例如，在其诞生的十五年内，电子游戏产业的价值超过了百年历史的电影产业。

将创意产业经济价值与社会和文化价值隔离开来是没有意义的。联合国 2008 年出版的《全球创意经济》报告指出，欧洲和北美的先进和后工业化国家并不是一个特殊现象，各大洲都在感受到“创意和文化产业”的快速增长。报告的结论是，创造、文化、经济和技术之间的关系，如创造和传播智力资本的能力所表达的，有可能产生收入、就业和出口，同时促进社会包容，文化多样性和人类发展。这就是新兴创意经济已经开始做的事情。

在快速全球化的时代，许多国家认识到创意产业所代表的文化与商业的结合是提供一个国家或城市独特形象的有效方式，帮助它从竞争对手中脱颖而出。法国埃菲尔铁塔、印度泰姬陵、澳大利亚悉尼歌剧院等广受认可的文化“偶像”的价值已经让位于伦敦 Shoreditch 地区的艺术和商业活动相结合的整个文化区。

2009 年英国政府出版物《创新英国》认为，创意产业的有效长期政策取决于政策举措，其中许多是在城市和地区层面，这些政策举措具有社会性。例如，如果英国的经济要作为创造和创新的家园取得长期成功，那么经济就包括对儿童教育计划方式的根本改变的必要性。

2014 年，内斯塔的员工认为辩论的进展如此之大，以至于需要一个新的定义：“创意经济”的简单定义，不是“创意产业”，而是“那些专门为商业目的使用创意人才的行业”。通过对英国文化政策和实践的分析，作家罗伯特·赫沃森在其著作《文化资本——创造性英国的兴衰》中指出：“正是关系的结构赋予了一个系统的本质特征。因此，通过它所做的来定义创意经济，而不是试图理解它是如何组织的。”

这反过来又开辟了一个全新的讨论领域。这些行业，特别是处于创造力前沿的成千上万的小型和微型企业，不仅具有越来越重要的经济意义，而且从某种意义上说，它们是一个全新经济秩序的预兆，即关于企业组织方式，理解、提供教育和衡量价值。数百万人的工作生活和职业前景可能发展，以及他们所居住的城市将如何规划和建设的新范例。特别是，自动化的迅速发展以及人工智能和机器人技术的应用，预示着所谓的“第四次工业革命”，肯定会对全球就业产生重大影响。牛津大学的研究人员估计，在未来 20 年内，美国高达 47% 的工作岗位可以被机器取代，而英国的这一比例为 35%。但是内斯塔 2015 年的一项研究《创造力与机器人》认为，创意产业在某种程度上不受这种威胁的影响，在美国 86% 的“高度创造性”工作没有或有低风险被自动化取代。

就像能源政策和能源获取是整个 20 世纪地缘政治的决定因素一样，促进和保护创造力的政策可能是 21 世纪成功的关键决定因素。如果这是真的，那么各国将不得不重新思考政府的组织方式、城市规划方式、教育方式以及公民与社区互动的方式。

美国的创意产业直接或间接提供了超过 4000 万的工作岗位，占美国总就业人数的 27%。在欧洲，超过 40% 的经济活动是由创意产业产生的。这些行业雇用了超过 8200 万人，占欧盟总就业人数的 40% 左右。

六、管理成为要素核心，活化其他生产要素

管理对国民经济发展的作用与地位日益提升。本节主要分析管理如何把人的能力再组合、再激化。

（一）管理让生产要素形成的财富倍增

人类文明程度及其社会性发展到一定阶段便出现了管理。对管理的重要性却是社会各界的共识。

目前使用比较广泛的定义为：管理是指在特定的环境条件下，以人为中心通过计划、组织、指挥、协调、控制及创新等手段，对组织所拥有的人力、物力、财力、信息等资源进行有效的决策、计划、组织、领导、控制，以期高效地达到既定组织目标的过程。

进入知识经济时代，管理的重心已经由传统的人、财、物的管理拓展到科学技术及其创新活动。埃因霍芬理工大学和洛桑理工学院的技术成果转化做得很好，学校和企业合作非常紧密。很多世界五百强企业都把研发中心直接建在校园，几乎分不清校园与企业研究中心。

（二）企业家精神

企业家对经济的增长具有巨大的价值，对一个国家的经济增长必不可少，对整个社会的发展具有重要意义。我们现在是一个消费社会，即使在发展中国家，消费主义也在逐渐普及。无论如何，发达国家都以消费主义为主。经济在很大程度上取决于企业家的绩效水平。企业家对一个国家的经济发展至关重要。一个国家的进步将取决于企业家的技能和才能以及其为提供本国公民所需的必要商品和服务所付出的努力。

1. 投资

企业家必须对社会所需的东西进行投资。经济进步将在很大程度上取决于他的贡献。任何企业家都会投资人们需要的产品和服务。他的投资将确保人民生活得更好，确保更多的商品和服务将可供使用。

2. 就业

企业家通过建立各种企业和机构而创造就业机会。人们需要工作。这是雇主为满足其需要的雇员提供收入的主要贡献。

3. 产品和服务的多样性

企业家可以为消费者提供各种类型的商品和服务，后者有很多选择。毕竟，消费者希望讨价还价，如果超出了他的选择范围，则可以合理的价格获得这些产品或服务。不仅有产品和服务可供选择，也可以满足个人需求。一个人不仅可能喜欢特定类型的领带，还可能在当地市场上找到它。这样就满足了他购买自己选择领带的愿望。

4. 国际贸易

企业家通过在国外出售其产品来促进国际贸易。任何企业家都希望有一个更广阔的市场。如果有更多的消费者购买他的产品，那么他的利润就越高。

5. 为国民生产总值做出贡献

企业家为国家财政和整个国民经济做出了巨大贡献。一个国家的 GDP

是根据相应国家 / 地区提供的产品和服务的总数计算得出的。企业家提供的产品和服务越多，国民生产总值就越高，它表明了该国的经济繁荣程度。

（三）尊重人性，顺应规律

人性就是人的属性、人的本性。作为管理者要了解人性。首先要从个体的角度思考，人为什么会进入组织？人进入组织的目的一定不是为了实现组织的目标。人是为了自己的目的、目标才进入组织的，人是为自己的意图而行动，这就是人性。管理者如果只是简单地将组织的目标分解，将组织的任务分配给个体，而不顾及个人的目标，这就是不尊重人性，这样就很难充分调动个体的愿力，发挥个体的知识、能力服务于组织。人力资源的不充分使用，是管理的不当。伟大的管理者是能够将个体目标与组织目标结合在一起的人。所以松下幸之助才会讲，松下的目标是培养人才，只是顺带生产了一些电子产品。人进入组织的目的，可以通过需求诱发动机的原理进行理解。根据马斯洛的需求层次理论，人有五大需求，生理，安全，社交，尊重，自我价值实现。人进入组织首先是物质层面的需要驱动，为了生存，衣食住行样样需要钱，如果管理者笼统地认为人进入组织的目标只是为了赚钱，这是显然对人性的理解不够全面和细致。同时人还需要归属感，需要得到组织和他人的肯定，需要被接纳，需要证明自己的价值等，这都是人性。所以一个好的管理者，首先是看到人性，进而在组织中适当地引导人性，将个体的目标有效地与组织目标结合起来，顺应人的行为活动规律，将人作为资源的价值最大化发挥，这才是一个合格的管理者。

1. 尊重人性的必要性

面对的人是客观存在的人而不是“头脑中的人”，而很多管理者把人当成“头脑中的人”来管理，用直觉、经验来管人，或者不够客观，或者不符合人的根本性，就不能称之为科学的方法，因为不科学，所以难取得成效。科学方法是基于事实正视客观，分析、发现规律，用规律来顺应规律。对管理来说，就是立足人性，立足人存在于社会与自然的本性，立足人的行为、活动规律及逻辑，建立管理的原理、原则并形成理论体系来顺应人在组织、社会、自然中的规律及逻辑，释放人的本性——积极性、善性、神性。基于人性，尊重人性，用科学的方法管人，方能获得管理成效。

2. **人的本性**

人是有情感（情绪和感受）的，人是有需求的，人是有态度的，这是人本来就有的本性，不会因人在不同的情景或环境中出现有或者没有的区别，不能简单要求人的行为要符合管理者的意图，不能采用简单粗暴的方式命令人、要求人，也不能以自己未经检验和论证的主观判断、想法、做法作用于人，试图得到自己想要的管理成果；要看到部署显性行为背后的情感、需求、态度以及相互联系对工作行为的影响，通过采取干预、引导、影响间接因素（情感、需求、态度）来影响、引导直接的工作行为；通过对本源的管理实现对人工作行为的管理，产生理想的工作绩效和工作成果。同时还有众多没有思考能力、没有系统接受管理培训的管理者，依然停留在试图通过直接管理员工工作行为，投入大量的时间和精力，在采取管理显性的、直接的、表面的因素影响工作成果的错误逻辑中不能自拔。这种错误逻辑的背后，是违背人性带来的需求不满，以及由需求不满产生的缺乏责任、机械执行、敷衍了事，抱怨指责、消极怠工种种不良工作行为导致的执行不力，最终导致组织经营成效不高。

3. **人性的多面性**

人性有多面性。从结果导向来看，在管理者时间、精力有限的前提下，去顺应他的本性（让他在组织中找到归属感、安定感——职务的确立、满足交往、关系、爱的需要——职务意识的形成、满足自尊的需要——职务认知的整合、满足自我实现的需要——授权），挖掘他的神性（让他发挥“爱的光芒和能量普度众生，成为神，惠人惠己”），更有利于达成组织的目的。管理者要讲投入产出，讲效率。因此在管理的举措上要侧重对“扬善”的投入，减弱对“抑恶”的关注。抑恶如不能采取适当的方式，让员工既理解你“善的初衷”，又会引发职员的需求不满，出现种种执行不力症状，影响管理者的管理成效，进而最终影响组织效益。未来组织的发展，一定是人在其中寻求人的存在感，人的尊严获得感；使诉求符合人性的组织管理，符合人性的组织关系对待，更追求人的价值实现。

七、数据赋能生产要素，促进智能经济发展

随着信息化水平的不断提升，人们生产生活过程中产生大量数据，呈爆炸式增长。IDC 发布的报告称，2011 年全球被创建和被复制的数据总量为 1.8ZB（1ZB 等于 1 万亿 GB），并且全球信息总量每两年增长 1 倍。这些庞杂的数据资料中，不少数据集就是“大数据”，是人们多年信息化建设努力的结果。大数据只要利用得当，就会和土地、资本、技术一样，是人类宝贵的财富。国外企业如网飞（Netflix）和脸谱（Facebook）等互联网企业，较早利用用户遗留在网络上的数字痕迹（digital traces）分析用户需求。学界早就意识到大数据的战略价值，致力于大数据技术研发与应用，部分高等院校已开设相关的课程，培育大数据科研人才。同时国外政府也高度重视大数据研发。2012 年 3 月，奥巴马政府在白宫网站发布了《大数据研究和发展计划》，将其视为“未来的新石油”，提出通过大数据加速在科学、工程领域的创新步伐，强化美国国土安全，转变教育和学习模式。5 月，英国政府宣布建立世界首个开放数据研究所，旨在从开放数据中寻求产品创新、创业机遇和经济增长点。另外，我国也在加快这方面的布局，并利用人口红利，在很多领域都已经迎头赶上。

（一）大数据对公共部门价值分析

大数据的商业价值已经得到了充分体现，在公共部门虽然也有所应用，总体应用水平不及商业部门。

1. 提高政府公共服务效率

政府是掌握数据资源最丰富的部门之一，也是利用大数据潜力最大的部门之一。大数据提供政府公共服务效率主要体现在：

（1）为政府各项政策的制定提供参考依据。较之于以往的各种经济预测方法，大数据能更准确地预测整体经济形势、疾病暴发流传、社会动乱进展等情况，从而服务政府科学决策。

（2）提升政府内部协调效率。大数据能让原本相互分离的政府部门之间更加容易地获取相关数据，就可以大大降低搜索和处理时间，提高政府运行效率。

2. 提高企业生产力

企业利用大数据，既可以利用自身在运营过程中创造并存储的数据，也可以购买专业服务机构提供的数据。大数据价值体现在：

（1）帮助企业发现市场需求。利用实时或接近实时的方式收集的详细数据，通过数据挖掘，运用数据分析方法，能准确分析和预测市场需求变化，支持企业战略决策。电子商务企业通过商品点击率、查询情况和订单情况，可以制定出价格调整和促销活动的决策。

（2）帮助企业定位目标市场。利用大数据使企业能够对人群进行非常具体的细分，以便精确地定制产品和服务以满足用户需求。随着技术的进步，许多公司已经能够将客户实时微观细分以便锁定促销和广告方式。例如，网飞能根据顾客偏好推荐电影，脸谱能根据顾客偏好推荐好友及应用。

（3）帮助企业创新产品与服务。大数据在帮助企业改善现有产品与服务的基础上，更重要的是能够推动企业创造新产品和服务，甚至开发全新的商业运营模式。例如，国外医疗保健领域企业通过分析病人的临床和行为数据，开发出针对目标群体的预防保健项目；制造企业通过内嵌在产品中的传感器获取数据，创新售后服务并改进下一代产品。

3. 改善生产关系

大数据在提高公共部门和私有部门的生产力的同时，也能改善现有生产关系。

（1）完善收益分配机制。通过大数据分析，能准确把握居民收入状况、企业资金流向，深入分析贫富差距，从而制定科学的税收和转移支付制度，完善收益分配机制。

（2）调整生产关系。通过大数据分析，尤其是社交网络和移动终端的情绪分析，能有效分析社会各阶层的矛盾，从而采取相关措施，调整生产关系，稳定社会发展。

（二）大数据激活智能经济

大数据参与收入分配的形式，如果从管理学的角度来说，就是探讨大数据的商业模式。如果不能参与收入分配，或者说没有盈利，大数据将缺乏供给动力，技术上就难以进步，产品也难以创新。参与收入分配，就必须考虑其特性。

1. **特性分析**

大数据具有一些其他生产要素不具备的特性，使得其参与收入分配的形式与其他生产要素有所不同。

（1）可复制性。数据资源和土地、资本、技术、劳动等生产要素不同，它可以被轻易复制并重复使用。

（2）非竞争性。主要硬件设备能支撑数据库运行，数据资源的调度和使用不具有竞争性，可以多人同时使用。

（3）产权不清晰。土地、资本、技术、劳动等都有清晰的产权归属，虽然部分大数据来源有清晰的产权，但是大部分大数据来源产权不清晰。例如，移动智能终端、社交网站、网络微博的数据等，都缺乏清晰的产权，并且在使用过程中很可能会侵犯个人隐私权。

2. **分配形式分析**

（1）以数据资源所有权参与分配。大数据作为信息时代的战略性生产要素，可以按要素的所有权参与分配，即拥有大数据所有权的主体可以获取使用大数据的租金，这是最基础也是最低级的分配形式。

（2）以知识产权参与分配。知识产权主要包括专利权、著作权和商标权。信息技术产品（或服务）中，知识产权占产品（或服务）价值比重很大，主要是对创新活动起到激励作用。如果将大数据技术申请成为专利，就可以获得知识产权的收入。

（3）以信息服务参与分配。信息服务提供方根据用户需要，利用自身掌握的大数据及分析技术，给用户提供信息检索、数据挖掘、预测、仿真等服务。例如，给政务微博做舆情分析，提出改进对策；给企业做市场分析，提出营销策略等。这是大数据参与收入分配的主要方式之一。

（4）以信息产品参与分配。向用户销售信息产品来参与收入分配，如通过封装 Hadoop 形成应用软件，或者向用户提供某些领域的分析报告等。这种以提供信息产品来参与收入分配的方式，实际上是提供物化劳动以获取收入。

（5）以技术入股参与分配。主要指以大数据技术或知识产权与企业合作或合资经营，折合为一定的股份投资入股，并根据所占股份的多少参与企业收益分配。

（三）发掘大数据红利

大数据不仅是企业发展的引擎，也是国家创新能力和整体竞争力的关键因素。随着其重要性不断提升，甚至可能成为与领土、领海、领空主权同等重要的数字主权的关键因素。政府需要认识到大数据的重要性，制定相关政策，充分挖掘大数据的价值。

1. 扩大人才供给

人才是大数据发展的短板之一，政府应采取多种措施，扩大大数据相关人才供给范围。

（1）实施教育培养计划。在大学相关专业的本科及研究生培养阶段，有针对性地增加大数据相关课程，增加学生在数据仓库、数据搜索、数据挖掘与可视化等领域的知识积累，扩大人才储备规模，扩充科研力量。

（2）积极引进国外人才。加大从其他国家地区引进人才力度，实施各项优惠政策，营造良好发展环境，以吸引国外优秀的大数据技术人员，增强我国相应研发实力。

（3）鼓励企业培训。制定优待政策、资金补贴、奖励机制等一系列激励措施，鼓励企业对管理者普及数据分析技术培训，帮助树立大数据发展理念，明确大数据在指导生产决策、提升企业效益、拓展产业空间等方面的重要作用，推动企业使用相关技术明确消费需求、创新产品及服务。

2. 鼓励企业研发

（1）加大研发支持力度。在明确关键技术的基础上，确定重点支持领域，加大研发支持力度。整合电子发展基金、云计算专项、物联网专项等项目，支持大数据技术的开发、研究和应用示范，引导企业加大研发力度，实现关键技术突破。

（2）以政府采购推动研发。在政府部门和公用事业的信息化应用中采购大数据技术，以政府采购引导国内大数据发展。结合当前的云计算、物联网等试点工程，充分发挥示范效应，积极开展大数据技术应用，带动社会其他领域的数据处理技术应用与升级。根据国外应用经验，研发初期可确定部分重点应用领域，如电子政务、医疗、教育、能源、交通等，以点带面地加速大数据技术的应用，并总结示范经验予以推广。

（3）优先支持网络大数据研究。大数据涉及领域众多，网络大数据具有以下特点：一是易获取，基本属于开放数据，收集不会过多涉及数据所有权问题；二是交叉融合性强，是信息科学技术与社会科学等多个不同领域高度交叉的新型学科方向；三是关系社会稳定，这些数据与公众的活动密切相关，对国家的稳定与发展有独特的作用。当前大数据的研究应与国计民生密切相关的科学决策、环境与社会管理、金融工程、应急管理（如疾病防治、灾害预测与控制、食品安全与群体事件）以及知识经济为主要应用领域。因此，应优先支持其研究。

3. 营造发展环境

（1）制定奖励措施促进数据共享。政府在创造数据共享和交易的有效市场方面可以发挥重要作用，包括制定知识产权方面规则、制定鼓励数据共享的奖励措施、强制要求收集并公开国企财务数据以及面向公众开放和共享政府部门活动和项目信息等。政府应率先垂范，推动国家基础数据开放共享。美国十分重视政府信息资源的共享和利用，将“共享第一”作为美国联邦 IT 共享服务战略的基础范式，力推政府开放平台（Open Government Platform）。我国应加快推进政府信息资源共享，尤其推进数据资源共建共享，给大数据技术发展提供原材料，促进大数据成果广泛应用。

（2）制定平衡数据使用与数据安全保护的政策。有效完善并严格执行关于商业内部信息和个人数据隐私的维护方针，并通过强大的法律阻挡黑客和其他袭击。同时，政府、非营利组织和私人部门需要相互配合开发大数据知识普及的公共教育宣传项目，以便公众理解哪些个人信息是可以获取的，如何使用、怎样使用，以及个人是否允许这种使用。

八、培育专业阶层，储备高质量发展人力资源

1951 年，社会学家 C.Wright Mills 进行了美国中产阶级的研究，开启了该领域的先河。根据他的定义，中产阶级主要由上层中产阶级组成，即由具有高学历和高度经济保障的专业人士组成；还有一个由半专业人士组成的中下阶层。中上层阶级是指中产阶级中文化程度高，薪水高，职位高的人。上层中产阶级成员的财富和声望虽然比上层阶级少得多，但生活水平却比下层

中产阶级或工人阶级高。中国目前还没有这方面的深入研究。本部分更关注职业和受教育程度，而不是从财富水平研究该阶层。根据中国的实际情况，也被称为专业阶层。

（一）专业阶层的崛起

美国上层中产阶级主要由在工作中具有高度自治权的白领专业人员组成。中上阶层最常见的职业往往集中在概念、咨询和指导上。除了在工作中享有自主权，高于平均水平的收入和受过高等教育，上层中产阶级成员在设定趋势和塑造公众意见方面具有影响力。

社会学家使用“中上层阶级”一词来指由中产阶级中地位较高的成员组成的社会群体。根据社会学家马克斯·韦伯（Max Weber）的说法，中上阶层包括受过良好教育的专业人员，他们具有研究生学位和可观的收入。

中上阶层最常见的职业包括律师、医师、牙医、工程师、教授、建筑师、公务员、行政人员和民用承包商等职业。许多中上阶层的人都有研究生学位，如法律、商业或医学学位，这是专业职业经常需要的。受教育程度是中上阶层的显著特征。此外，中上阶层的家庭收入通常超过 100000 美元。

此外，上层中产阶级的成员通常比下层中产阶级的成员在经济上更安全。在公司和机构中拥有较高的学位和较高的地位往往会使中上层阶级免受经济衰退的影响。

下层中产阶级是受过一定教育，薪水适中，但社会经济地位低于中上阶层的人。中下阶层有时也简称为“中产阶级”，大约包括美国三分之一的家庭，并且正在增长。下层中产阶级的人往往从事低学历的专业或担任白领职位，如学校老师、护士或律师助理。中下阶层是最大的社会阶层，仅与工人阶级相抗衡。中学以上教育，通常以学士学位为最高水平，是中产阶级职业的必要资格。在世界各发达国家中，中下阶层是中产阶级的一个细分部分，指的是受过一定程度的教育，通常稳定就业，而没有获得过高等教育、高职业声望或高收入的家庭和个人。

中国专业阶级数量的增长迅猛，原因在于中国经济的增长以及从制造业向服务业的转移。在过去的几年中，中国一直在摆脱传统的制造业背景。由于人们已经从制造业转移开来，这意味着越来越多的人正在从事白领工作。

中国新兴的专业阶级数量的爆炸性增长带来了广泛的经济变化和社会转型。研究表明，到 2022 年，超过 75% 的中国城市消费者每年将赚取 60000 元至 229000 元人民币（9000 美元至 34000 美元）。以购买力平价计算，该收入水平介于巴西和意大利的平均收入之间。2000 年，只有 4% 的中国城市家庭在这一收入水平之内，但 2012 年是 68%。在未来十年中，专业阶级的持续扩张将受到劳动力市场和政策措施的推动，这些措施推高了工资水平，金融改革刺激了劳动力市场，就业和收入增长，以及私营企业的作用不断增强，这会促进生产力并帮助家庭增加收入。

（二）专业阶层面临人工智能的挑战

作为中等技能、中等工资收入的工人，他们的许多工作任务涉及重复执行一系列精确的步骤。例如，装配线上的制造工人必须重复相同的步骤，才能将轮毂盖放在汽车上。簿记员在执行基本会计程序时执行类似的功能。银行出纳员必须以相同的顺序执行相同的步骤清单，以进行每笔现金提取和存款工作。在每种情况下，精度和准确性都是必要的。

计算机和机器人被设计为恰好执行这种类型的功能，以重复且准确地执行步骤列表。随着计算成本的下降，企业越来越多地采用技术来执行计算机擅长的基于规则的过程类型。导致机器人取代了装配线上的制造工人，软件取代了簿记员，自动取款机代替了银行柜员。

处于危险中的职业并不包括许多技能最低、薪水最低的工作。事实证明，对机器人来说，很难分辨出凌乱的办公室里一堆不应该在工作日结束时丢掉的文件和真正的垃圾之间的区别，而托管人可以很容易地分辨出这种差异。同样，从事食品制备和其他服务工作的低技能、低工资工人也需要具有适应情况并与人互动的能力。这些任务也不适合按逐步说明进行编程。

高技能、高薪职业的工人常常必须行使正确的管理判断力，有说服力的辩论，有创造力并适应形势。与某些需要动态决策的低薪职业的任务一样，很难对计算机和机器人进行编程以使其做好。

处于中间位置的职业受到自动化的打击最为严重，因为他们的工作需要精确度和准确性，因此其薪资高于最底层的职业，却低于最上层的职业。这些工作包括生产和手工艺工人，机器操作员和装配工。

（三）专业主义塑造新专业阶层

可以将专业阶层工作分为两类：旧专业和新专业。当谈论传统的中产阶级工作时，我们会想到旧的中产阶级。这些类型的工作——某些生产、建筑和文书工作——在很大程度上已经由于自动化而消失，并且在过去几年的公众辩论中发挥了重要作用。

我们可以将三大职业类别归于旧专业：生产职业，建筑和采掘职业以及文书职业。在这些广泛的职业类别中，具体工作包括机器和设备的装配工，金属制造商和钳工，肉类包装工，机器安装工，熔炉操作员，金属浇铸工和铸工，工具和模具制造商，砖石匠、焊工、木匠，建筑工人，电话接线员，文件员、打字员以及秘书和行政助理。

旧专业的就业机会确实在总体就业中所占比例正在下降。总体而言，在过去的二十年中，中等工资的生产、建筑和文书工作已从占总就业人数的约10% 降至占总就业人数的 8%。

在过去的五年中，新专业增长最快的工作包括销售代表，卡车司机，个人服务人员的经理，供暖和空调技工与安装人员，计算机支持专家，自我强化教育老师，活动策划者，卫生技术人员和其他技术人员，按摩治疗师，社会工作者，婚姻和家庭顾问，视听技术人员，律师助理，医疗保健社会工作者，厨师和主厨以及食品服务经理。

与旧专业阶级的工作相比，这些工作可能需要更多的教育、技能和经验。他们需要更多的情境适应性，社交智能，客户服务和人际互动，低端管理技能以及耐自动化的管理、技术和沟通技能。

近年来，政治和舆论领袖在关注由自动化和全球化等因素造成的负面影响，而很少提及其好处。我们不应试图寻求复兴的职业，并扭转由于技术变革而带来的生产率提高。相反，我们应该努力确保向工人传授技能的机构（学校、公共计划、私营企业）能够应对使工人具备 21 世纪经济蓬勃发展所需技能的挑战。工人自己需要愿意适应变化，并尽其所能（尽管通常是非常困难的）在动态经济中蓬勃发展。

企业有动力去寻找方法来使用那些适应新经济的工人。随着旧的专业阶层在经济中所占的份额越来越小，新的专业阶层正在崛起。

理查德·佛罗里达（Richard Florida）在《创造性阶级的崛起》一书中认为，繁荣的城市之所以这样，是因为创意经济中的人们取得了成功——受过良好教育的专业人员在诸如商业和金融，技术，医疗保健和医药，法律和教育等知识型行业中工作。他认为，采用创意阶层策略，重组建筑环境以适应创意阶层的需求和欲望的城市，会发现自己比以往任何时候都更强大。

第五章　推动制度创新，全面助力高质量发展

第一节　提高制度建设水平，提升国家竞争力

国家竞争力是一个主权国家为实现国家生存和发展，在国际竞争中配置资源的实力和能力①。国家竞争力的组成要素非常丰富，且随着时代变迁，经历了不断扩充。二十世纪中后期之前，国家竞争力被认为是具有土地、资本、劳动等要素的比较优势表征的。随着第五次信息革命的开始，技术、人才的竞争逐渐成为国家竞争力的新的核心内容。到二十世纪末期，制度竞争、制度竞争力等理念受到广泛重视。制度的竞争是根本，决定了一国土地、资本、劳动以及技术等因素所能发挥的最大合力。

从世界史的角度来看，国家间的竞争看似是经济、军事、科技等方面的竞争，但背后其实是制度的竞争。制度建构要素组成的基本模式，决定要素之间的组合效率，是现代社会最为重要的竞争内涵。尤其是全球化的不断深入，涌现出的各种新技术、新产业、新业态、新模式，使得国家竞争力具有以下几个特征：一是国家治理水平成为国际竞争力的新标杆；二是建立国际经济新秩序和区域经济融合成为国际竞争力的新舞台；三是加快产业升级成为国际竞争力的新筹码；四是科技创新成为国际竞争的新高地②。综合国力的积累和提升背后是制度在发挥作用，一个适合国家发展的制度环境有利于创新的发展、经济的腾飞、国力的增强。近代的中国之所以陷入落后挨打的局面，最大的原因就在于当时的制度的腐朽和落后。现代中国的崛起更加表明，制度的先进性是提升国家竞争力的核心要素。党的十八届三中全会提出

① 郭云涛．“五力”通衢：快速提升中国国家竞争力 [N]. 华夏时报，2015-05-21（20）.
② 郭云涛．“五力”通衢：快速提升中国国家竞争力 [N]. 华夏时报，2015-05-21（20）.

“国家治理体系和治理能力现代化”，根本目标就是提升制度的现代化程度，增强制度竞争力，这体现了中国现代化内涵的重要飞跃，即从专注“物质”阶段向注重“制度”层面转型。

在新的历史起点上，中国要提升国家软实力，要继续坚持和完善社会主义基本制度，吸收西方先进的治理经验，提升制度建设水平和国家竞争力。

第二节　解构制度产业，助力高质量发展

产业是社会分工和生产力不断发展的产物，是形成规模经济、促进技术变革的重要手段，是推动形成现代世界格局的不可或缺的重要力量。不管是被誉为“海上马车夫”的荷兰抑或是“日不落帝国”的英国，从最初的依靠军事霸权上升为全球统治者，最重要的根基就是形成强大的全球产业。历史发展的规律表明，国家之间的竞争力集中体现在产业发展的水平上，谁占据产业链的高端，谁就掌握行业话语权，也就自然形成其在世界格局中的领导地位。如今，在政治因素加持下，产业不再局限于传统的定义，它的外延不断扩大，逐渐形成一种体现规则形成能力的制度产业。

一、制度产业内涵

在传统的经济学定义中，产业主要指的是物质生产部门，强调要输出独立的价值产品，涉及经济生活的各个方面，如“农业”“工业”“交通运输业”等。这些解释都是基于传统的产业形态而做出的，具有清晰的界线，如指代物质生产部门、服务提供部门等，均有具体的实物表现。这种解释虽然具有其合理性和科学性，但正如前文所说，在政治和制度的催化下，有些产业是既隐藏在我们日常生活之中而又客观存在的，它或许并不产生物质产品或有价值服务，仅仅是在政治演变之下世界格局形成中所造就的一种单向输出，属于“规则产物”，而这种规则所产生的权益又属于规则的制定一方。当然规则的制定方不是自然形成的，一般需要强权政治或者技术积累形成的知识

产权优势地位等条件。

由此引发出“制度产业”的概念，即制度在现代社会，不仅是各种游戏规则的总和，也日益成为一个强大的产业。考察制度产业可以从宏观和微观两个层面具体分析。从宏观层面来看，国家之间的制度输出往往会衍生出容易被忽视但却具有相当规模的产业形态，最具代表性的当属美国对世界的制度输出，如美元的国际货币地位所带来的被称作“铸币税”的国际税收收入，也就是通过发行货币获利，与收税较为相似。从微观层面来看，企业通过技术创新掌握规则的制定权，通过制定一系列技术运行的规范以及借助先期积累的知识产权征收使用费，同样是一种制度产业。例如，英国的 ARM 公司，其赚钱方式主要是通过授权和版税，处理器的生产并不是该公司的业务范围。具体的收费模式是对半导体生产商提供 IP 授权，后者在拿到授权许可之后，方可使用 ARM 公司的相关架构及开发工具，设计、生产自己的芯片，最后再供应、流通到其他的终端产品制造公司，其中可能还存在二次授权。ARM 就是基于这个商业循环获得收入，除了要收取 ARM 的 IP 授权的技术授权费，该公司还会以版税的形式根据最终生产的处理器价格收取费用，这种费用涉及芯片设计和制造的各个环节。通俗地说，“你交钱，我授权”的商业模式就是 ARM 公司区别于其他公司的最重要特征。

二、剖析美国经验，把握发展新视角

（一）美元铸币税的形成过程、运行机制与攫利手段

“铸币税”起始于金属铸币时代，指的是货币面额同发行成本之间的差额，这种差额在纸币时代要远大于金属货币时代。现代银行体系自建立以来，尤其是虚拟货币进入货币交易市场之后，“铸币税”几乎等于货币的面值。铸币税的形成高度依赖国家垄断的货币发行权，且由全体人民承担，属于国家的一种特权税。

在很长一段时间内，国家之间的交流受限于交通工具的落后，贸易往来相对较少，交易更多的是以物易物或者是以黄金、白银为中介的形式进行，此时的铸币税征收对象主要是本国公民。随着全球化的推进，国家间的贸易规模变得越来越大，也越来越频繁，此时黄金、白银已经难以支撑贸易的发

展，因而各国之间货币的流通成为必然的趋势。当货币在国外流通时，铸币税的征收范围就扩大到铸币国之外，从而衍生出“国际铸币税”的概念，即货币发行国在发行国领土之外所获得的铸币税。一般而言，一国在国际上流通的货币规模越大，其征收的国际铸币税也就越多，可以说国际铸币税正是国家竞争力的实际收益的体现。

鉴于美元的国际货币地位，美国成为征收国际铸币税最多的国家。按照相关统计计算，以 2019 年美国雕版印刷局公布的印刷成本来计算，截至 2018 年底，市场上流通中的美元给美国政府带来的铸币税收益就达到 1.6 万亿美元，其中大约 2/3 是由境外流通的美元所带来的。这种估算还是相对保守的，因为早期的印刷费用相对较低，因而实际征收的税额应该更多。

美元国际货币地位的形成在于美国精心设计的一系列制度体系，通过这些有利于美国的制度体系，美国形成了世界上规模最为庞大、收益最高的制度产业。美元霸权形成肇始于 1944 年《布雷顿森林协议》，即 1944 年 7 月召开于美国新罕布什尔州布雷顿森林的国际货币金融会议上，西方主要国家的代表通过了各项关于国际金融的各项协定，被统称为“布雷顿森林体系”，该体系确立了几大重要原则，即美元的国际货币地位，以及美元与黄金挂钩、其他国家货币与美元挂钩的基本结构。同时，外汇自由化、资本自由化和贸易自由化也成为资本主义集团经济制度的核心内容。

正是在美元本位制下，美国借助国际贸易中的美元流通获得收益。通过印刷货币，促进了本国的经济增长，同时也借由美元的国际货币地位，美国向全世界输出其国内的通货膨胀，让全世界替其消化印刷发行过多的货币。因此，美国人通过印钞机可以用美元从全世界购买大量货真价实的商品和资产，既可以从全世界攫取利益，又让全世界为其贪婪买单。美元本位制不仅为美国攫取了超额的经济利益，借助于国家经济实力的增强，美国的政治势力范围也不断扩张，进而在全世界提升其政治影响力。美元获得的制度性收益的方式具体有以下三种：一是通过全球生产网络的国际分工格局形成的“美元币缘圈”。这个主要通过制度设计，使跨国公司将产业链高端部分留在本国，而将产业链的低端进行转移，从而形成一个垂直分工体系，并通过美元作为国际交易货币，与世界主要进出口国形成“美元币缘圈”，获得高额且长久的利益回报。二是基于石油、军事和金融衍生工具“三位一体”的信用操控机制。美元除了流通货币，也体现出了信用货币的价值，其基础是由美国的综合国力支撑的，主要反映在财政状况上。一般而言，财政状况恶化，会传递出政府产生危机的信号，从而影响货币的信用。针对于此，美国通过金融操作及对大宗商品定价权的控制等方式，强行输出由于巨额赤字形成的潜在通货膨胀，将风险向世界转嫁，从而维系其信用货币的地位。三是以新自由主义思潮为特征的自由市场经济理论。美国的经济学思想输出，特别是自由市场理论，成为推行美元霸权的理论工具，正是这一套经济学思想极大促进了国际贸易，为美国的金融投机提供了理由，并使其收益私有化、投机风险全球化。

（二）世界银行、国际货币基金组织运行机制与攫利手段

按照分工，国际货币基金组织、世界银行、世界贸易组织三大最有影响的国际经济组织分别负责全球的发展政策、金融和贸易，为世界贸易和全球化发展做出了巨大贡献。

1. 世界银行、国际货币基金组织带有浓重的制度设计痕迹

1944 年 5 月 26 日，在第二次世界大战结束前夜，美国联合 43 个国家召开了联合国货币金融会议，并成立了国际货币基金组织和世界银行两大国际金融机构。其中世界银行成立的目的和职责是向全世界发展中国家提供金融与技术支持，并通过资源贡献以及公私合作来实现最终的全球互助。其宗旨就是通过资源共享来促进公共与私营部门之间的合作，最终实现全球互助。

世界银行的章程中规定的 100 亿美元的额定股本，均分为 10 万股，每股 10 万美元。成为世界银行的成员国的前提条件是必须是国际货币基金组织的成员国，一般来说，成员国认缴的股本在世界银行和国际货币基金组织中是相同的。在世界银行中，成员国认缴的股本需按照三部分执行：黄金和美元的支付占其认缴金额的 2%，这部分归属世界银行自由支配，成员国可以用本国货币支付的部分占比为 18%，其用处需该成员国同意方可执行；剩余的 80% 部分，则具备担保基金的性质。

成员国的投票权与其认缴的股本高度关联。基于投票权，美国主导了修改世界银行章程的规定，即必须要有超过 65% 的赞成票，而美国在 1946 年的投票权为 36%，即其他所有成员国的投票权加起来只有 64%，因而美国就

可以获得一票否决权，从而实现“银行是世界的，控制权是美国的”。

即便如此，美国并不愿意缴纳如此高的股本，因而又想方设法实现以最少的缴纳比例来实现对世界银行的控制。最终美国又通过修改世界银行章程实现了这一目标，现行的规定是如要修改章程，必须同时具备以下两个条件：一是必须获得3/5的成员国的一致同意，二是必须获得执董会85%的赞成票。经过这样一改，美国只需掌握15%的关键票，就可以控制世界银行。因此，在2010年的改革之后，美国将自己在世界银行的股份降到了只有15.85%。

除了美国通过制度设计拥有一票否决权，美国还间接拥有对行长的任命权。由于行长兼任执董会主席，拥有很大的权力，因而尽管规则上行长是由董事会选举产生，但实际上历任行长不但由美国政府任命，而且长期由美国人担任。另外，世界银行的总部从一开始就设立在美国。这使得美国在获取世界经济情况时具有得天独厚的优势。

2. 世界银行及国际货币基金组织成为美国制度产业的运行机制

起初，世界银行及国际货币基金组织成立是以战后重建为己任，在实践中发现难度巨大，因而转向为发展中国家提供援助。世界银行推行重点扶持基础设施的贷款政策，通过抓住基础设施建设项目，为私人部门和外资企业创造良好的投资环境。

世界银行及国际货币基金组织之所以可以为第三世界国家提供看似低利率的资金援助，根本原因在于这些援助可为以美国为代表的发达国家带来巨大潜在回报。具体运作机制是，其凭借关键的一票否决权及通过这两个世界性的金融机构实现“外汇自由化、资本自由化和贸易自由化”的制度设计来获得巨大收益。例如，要求债务国进行制度改革走自由化、私有化的道路，即新自由主义主张的发展模式。

总体来看，美国制度产业的形成具有以下几个典型特征和条件。其一，强大的综合国力是重要支撑。综合国力既包括强大的经济实力，也包括强大的军事实力，经济实力输出资本，军事实力为美国资本收益保驾护航。其二要有超凡的制度设计能力。制度的设计是一个复杂的工程，需要有远见卓识，高度依赖政府能力。其三，要有好的时机。美国之所以能通过制度设计形成有益于自身的世界银行、国际货币基金组织等机构，正是借着第二次世界大战的大变局。这三个因素是形成制度产业的必要条件，缺一不可。当前正处于百年未有之大变局，我国综合国力日益增强，高度强调国家治理体系和治理能力的现代化，高度重视参与国际治理，制度设计和制定能力显著提高，国家层面的制度产业形成条件已初步具备，共建“一带一路”“亚投行”等倡议正是体现了我国布局制度产业的决心。

第三节 明晰演化方向，打造文明制度

制度的演进一般是拥有特定目标的组织为寻求制度演化所存在的潜在获利机会才得以进行，具有最为基本的驱动力。随着价值理念的不断升华，社会制度也在不断演变，理想的制度演化的结果是制度的文明化。

一、制度影响行为

制度的设计是为了构造一种联结社会、经济、政治之间关系的结构。它既包括如习惯的认可、禁忌、风俗、传统和行为规范等构成的非正式的约束，同时也涵盖如宪法、法律及产权等正式的准则。从历史的角度来看，减少不确定性是制度建构的主要目的，以此刺激经济活动，并希望通过制度以及其他经济约束一起规范发展行为，引导形成正确的发展方向。

人类的经济活动大致经历了三个阶段：第一阶段是在村庄内部进行商业交换的时期，第二阶段是区域性商业交易时期，第三阶段是长远距离的商业交易时期。商业交易越来越普及，规模也越来越大，贸易范围扩大到世界各地。

二、制度演变的路径

过去的研究认为，制度变迁是一个非连续性过程，是外部性变化的产物。外部性变化要么依赖集体行动，要么依赖社会运动。

不可否认的是，关键转折时刻在制度变迁的过程中可能是存在作用的，

我们也总是看到在经历了"非常历史时刻"后，制度不仅会保持明显的连续性，而且即使在不会带来任何重要制度变迁的"稳定"时期，也一直会有冲突行为和不断的讨价还价行为存在。例如，德国的实践表明，面对重大的外部性变化，制度安排通常能够保持不可思议的连贯性。不过，较之于"非常"时期的制度变迁，在"稳定"时期所发生的更细微的小规模制度变迁同样值得我们去关注，因为随着时间的推移，它们能够积累导致重大的制度转移因素。

诺斯认为，制度的历史演进过程是一种动态的过程。"适应性效率"考察的就是长期经济绩效的制度结构如何适应经济的变动而调整的问题，是对过去静态衡量配置性效率的超越。如果我们考察当下的政治和经济事实，就会发现制度存续不但会包括大量的制度适应性调整，而且即使是制度转型也会继承那些能够适应变化了的社会、政治及经济环境的旧制度元素。长期的制度变迁是政治或经济的无数短期决策的累积性结果。因此，虽然无法对制度变迁的短期路径进行预测，但我们完全可以对长期的、总的方向进行预测，并且这种长期的制度变迁趋势是难以逆转的。

欧洲在制度变迁中，受到两种力量的形塑，其一是报酬递增，其二是以明显的交易费用为其特征的不完全市场。

报酬递增是制度演进的根本动力，它形塑了经济的长期路径。当在一个报酬递增的制度之下，市场是竞争的，只要交易费用大体接近于零，则长期路径就是有效率的，且在合理的假设之下，路径是单一不变的，低绩效也会被淘汰。如果市场是不完全的，信息反馈的机制存在问题，在交易费用非常高的情况下，则行为人的主观模型就会形塑制度演进的路径。这样就会出现不同的演进路径，不仅低效率会长期存在，而且过去的历史感知也会形塑行为人的选择。

反观中国的制度演化路径，除了兼具西方制度演进的一些特点（如路径依赖等），同化效应是区别于西方世界的重要特点。中华文化的同化在世界范围内是最强的，这一点被广泛认可。不管哪一种民族，只要在华人世界里，就会被同化融合。同化的力量，首先来自价值观一类的东西，比如人生态度、信念、礼俗等，其次是生活经验、技术、方法等。正是因为中华文化强大的同化能力，中原地区在历经多次被异族侵入之后，依然能保持文化传统不断，常常能以自身的文化力量与对方融合，吸收、改造对方文化，并且为我所用。对方则在这种同化过程中逐渐丧失对自身文化的依赖，转而成为中华文化的一部分。出现这种现象的原因主要有两个：一是由于农耕文化孕育了华夏民族大量的人口，从而具备了人口优势；二是华夏文化的先进性使得落后的外族自愿舍弃自己的文化，转而采纳先进的文化。

第四节 重视制度改革，激发个人活力

人类的自我驯化最早来自道德的驯化，随后演变成一系列法律法规而成的制度改革。道德驯化是制度改革的基础，为制度改革提供合理解释，制度改革硬化道德驯化，两者密不可分。

一、道德驯化的历史和内涵

特定的文化传统通常会影响到权力制约模式的选择，但是道德作为权力的重要制约力量是所有政治文化中的一种必然选择。

自政治诞生以来，不论是专制还是民主，是古城邦还是民族国家，以道德来约束权力是人类社会演进长河中的一种客观存在。

在西方世界里，古希腊的哲人们阐述了道德对当政者的重要意义。苏格拉底和柏拉图提出“哲学王”和“美德即知识”的伟大命题的，就在于表明不仅专业性的统治知识、能力是当政者必须具备的要素，崇高的道德情操也应当必不可少。亚里士多德在强调政治时持相似观点，他认为至善是从政者在执行公共权力时所秉持的最为理想的理念。到了中世纪，神学成为研究主流，所有学科都要依附于神学之下，接受神学的指导，而宗教伦理成为当时一切思想和行为的唯一准则，对权力的制约也当然融入神学的色彩。到了近代，随着现代科学的普及，特别是自然法理论与契约论的兴起，以自由、民主以及共和主义为导向的法律制度成为约束权力的中坚力量，而道德对权力的约束则退居二线。然而，在第二次世界大战后，西方国家发现市场经济在

走向成熟之后，存在着许多法律制约权力异化的偏颇性，因而其又重新重视道德的约束作用，并视为其法律的重要补充。

从中国自身来看，道德对权力的约束长期存在于中国的政治和文化领域之中。儒家思想里的德治理念，深深影响了我国近两千多年封建帝制，以德治国成为历朝历代君王所必备的品质。由于封建王朝时代，帝王虽然被默认为超脱法律存在，但君主的权力更多的还是被传统道德所约束。因此以德治国的理念也就是要求从政者的权力要用来为普罗大众谋取利益，而非谋求一己私利。

二、提升制度改革能力，降低社会运行成本

在哲学上，对生活和活动成本的关注，可以溯源到人们利益意识的形成。尤其是在人们对收益过分计较时，对成本的考虑就成为必然。农业社会时期，人们对生活和活动成本的考虑较少，而在工业文明时代，特别是在分工细化之后，贫富差异的普遍性诱使利益意识的广泛觉醒，每一项行动所带来的收益几乎都能受到人们的关注，因而，对成本的考虑就被放在非常关键的位置。

制度改革的核心目标就是要大幅降低社会运行成本。通过制度设计，规范社会行为，并促进社会竞争性增强，从而降低潜规则的使用机会和空间，营造公平竞争的环境。

产权制度是制度改革以降低社会运行成本的最重要产物。产权理论最早源自马克思的产权论，他认为产权即指代财产权，并具有排他性。生产关系的核心内容就是产权制度，而生产关系又是由生产力所决定，因而产权制度变化的根本动力来自生产力的不断发展。一个社会的产权制度对社会的生产力具有强大的反作用。有效的产权制度是经济增长的关键。当前中国之所以在发展生产力上取得如此大的进步，灵活的产权制度安排是关键因素。然而，我们也应该看到，我们的产权制度在某些方面对公权过度倾斜的惯性不仅限制了产权制度的发展，也就阻碍了生产力的发展。特别是在发展陷入报酬递减的困境时，对产权制度的改革，并形成现代产权制度，能充分释放生产力，进而最终助力高质量发展。

产权明晰是产权改革最基本的目标之一。产权明晰包括归属明晰、权责明确、保护严格、流转顺畅。要激发市场活力，就必须使资本人格化，做到产权归属清晰，使产权主体人格化，进而给市场主体激励和动力。权责明确建立在产权明晰的基础之上，产权主体要承担相应的责任，无论收益或损失都应是产权主体的。因此，随着经济和社会分工的发展，原来结合在一起的各种权利可能分离，如劳动力所有权和支配权的分离。针对权利的这一特殊性，权责明确需要以权利主体为导向，划分责任归属。保护产权在现代产权制度中既包括对有形资产的保护，也包括对如商标、名誉、知识产权等无形资产的保护。

第五节　加强制度激励，引导正向发展

制度激励是一项系统性工程，其目的是引导经济社会的正向发展。从激励程序来看，要对激励过程的各个环节处理恰当。有效的激励机制高度依赖从激励政策的制定、执行到意见反馈、评估的激励过程。规范激励程序，要秉持问题导向的思维，这对推动激励效果的持续性、常态性具有重要作用。从激励方式来看，对正向激励与严格约束之间的关系要科学平衡。

以情感激励给“引力”，激发“正向发力”效应。人心者，莫关乎情。人的积极性、主动性、创造性发挥得如何，直接影响其事业的成败。忽视对人的激励，很容易造成“不作为”，最终阻碍社会进步。提升人的凝聚力和战斗力，要坚持严格要求与关心爱护相结合，既要敢于遵守规则，既要知道什么能做什么不能做，又要善于给予合理化的容错空间。通过情感激励给“引力”，激发“正向发力”效应，全面激发人的创造活力和工作潜能。

以刚性的制度体系保障激励机制的有效运转。有效激励的基础和前提是激励必须合法合规，而要达成这一要求，势必就要将激励方案的制订、执行、评估等环节变为法律约束。

以新兴的信息技术支撑激励机制的科学运行。当下，我们正经历着新一轮的信息革命，新的技术理念为解决制度激励中的信任问题、信息失真问题

等提供了新的思路和方法。针对激励对象而言，如何通过区块链的技术构建涉及微观个体的不可篡改、可溯源的信用体系，能解决负向激励的难题。要积极尝试和探索新技术的组合形式与应用模式，建立起完备的激励信息系统管理体系，显著提升制度激励的精确性和科学性。

第六章　提高多元竞争力，蓄积高质量发展潜力

高质量发展是主动适应经济新常态、破解产业既是制造业不平衡不充分发展难题的现实选择，也是转变经济发展方式、优化经济结构、转换经济增长动力、建设现代化经济体系的必然要求，更是建设制造强国、全面建设社会主义现代化强国的必由之路。

第一节　增强产业结构竞争力，推动经济高质量发展

当前，世界经济格局重构，经济强则国强，产业结构的状态及其变化决定着经济增长的速度和质量，产业结构的合理化是促进经济高质量发展的重要条件。2008 年金融危机后，美国、德国等西方主要发达国家纷纷推出自己的国家战略，提升本国产业结构竞争力，将产业创新作为加快其经济复苏的首要抓手。产业创新推动产业提质增效，促使传统产业转型升级，产业发生非连续性裂变，新业态新模式如雨后春笋般衍生出来，产业结构竞争力日益增强，进而带动经济高质量发展。

一、技术突破推动产业衍生升级

技术的非连续性变革，导致现有产业的裂解和新产业的从无到有，产业创新层出不穷，产业格局历经颠覆、重构、再颠覆、再重构的发展历程，实现螺旋式不断升级，产业结构竞争力不断增强，经济高质量发展步伐日益加快，成为衡量国家实力的重要标准。

（一）新产业格局变动明显

产业结构通常遵循由低层次向高层次渐变的演进历程，集连续性与非连续性为一体，渐变中孕育着突变，为新的渐变开辟更为广阔的空间。技术的非连续性进步引发产业结构的非连续性发展，导致产业结构势必重塑。产业结构将发生两个层次的变化：一个层次是随着新产业生成和既有产业的技术升级，产业结构日益高级化，推动经济高质量水平不断提高；另一个层次是形成新的主导产业群，围绕新的主导产业群，加上新技术，实现新兴产业集成化，促进产业高质量跨越式发展。这都有利于生产要素优化配置，提高资源综合利用效率，改变现有技术均衡局面，形成新产业格局。

（二）国家竞争力格局重构

产业结构竞争力代表着一国综合实力的强弱，而产业结构竞争力通常呈现出非连续发展，特别是受制于技术发展极限性等因素，新技术取代旧技术，技术发展的非连续性在所难免，既可以成为产业革命“兴”与“衰”的主因所在，也是高质量发展的“好”与“坏”的症结所在。基于此，世界各国纷纷制定相应的产业发展战略，推动本国经济高质量跨越式发展。例如，美国的先进制造业战略计划、欧盟的2020创新战略、德国工业4.0战略、英国制造业2050、日本创新2025战略、韩国2020产业技术创新战略等，无不是想确保自己的国家核心竞争力。

只有抓住科技革命机遇的国家，才容易成为发达国家，如英国和美国等；一旦错失科技革命机遇的国家，势必就会衰落为发展中国家。也就是说，科技革命是经济高质量发展的关键着力点。

日本当年的经济发展直追美国，如今陷入失落的二十年，电子工业到数字工业的转型没有成功。因此，一个国家在发展进程中，一定要时刻捕捉科技革命与产业变革所带来的发展机遇，要顺势而为，只有不断持续提高国家高质量发展水平，才能持续保持在发达国家行列，或是赶超他国，进阶到发达国家行列。反之，一个国家错失科技革命与产业变革，国家竞争力将日益衰弱，难以提高国家高质量发展水平，将难以进阶到发达国家，甚至下滑为发展中国家。

二、做大做强技术创新业态

关键核心技术是要不来、买不来、讨不来的。创新决胜未来，改革关乎国运，中国要强盛、要复兴，切实推动高质量发展，就必须要大力发展科学技术，努力成为世界主要科学中心和创新高地。科技领域不仅是需要不断改革的领域，更是国家高质量发展的关键领域。

（一）注重原始创新的基础“赋能”力

科学研究是寻求新的理论、新的规律、新的技术和新的方法，这既是新生产力的主要来源，也是战略性新兴产业的产生基础，高质量发展的根本动力就是原始创新。技术开发是高新技术产业产生的源泉和高质量发展的载体所在。原始创新是对现有产业结构的彻底颠覆，奠定了未来产业创新的技术基础，造就了新的产业格局，进而形成高质量发展新格局。

原始创新是提升创新能力的主要基础和提升科技竞争力的重要源泉，是产业变革的根本动力，是国家创新能力的根本体现。技术创新是一种无限的资源，所带来的生产力和社会的巨大进步可以再塑产业格局和经济发展方式，是改变经济发展现状最关键的因素，也是高质量发展的核心驱动因素。

原始创新形成了自身的动力机制，求知欲、对新事物的认识和观察、创造欲和想象力不断推动着人类关键技术创新，推动新旧产业颠覆性接续性替换，引发并带动新的产业变革。蒸汽机技术、电气化技术、信息化技术、纳米化技术接连引爆一次次产业变革，催生出一批批新生产业，技术的非连续性创新带动了产业格局的非连续变革，促进了经济高质量跨越式发展。

随着国际科技竞争日趋激烈，国际竞争的焦点逐渐转向以新技术为依托的高新技术产业。中国原始创新能力不足，高新技术产业发展滞后。21 世纪新产业的 90% 产生于美国，日本、德国、英国和以色列位居美国之后。由于高新技术产业发展起步较晚，中国受到外部关键技术封锁和自身创新能力不足的双重制约，处于“低端技术锁定”困局，主要存在原始创新意识不强、原始创新人才匮乏、创新研究经费投入不足等现象，创新能力不足不仅成为当前制约中国高新技术产业升级发展的瓶颈问题，也是制约高质量发展的症结所在。

中国要推动科技与产业创新，建设世界科技强国，需要以先进理念和价值伦理为指引，深刻把握科技与产业创新的动力机制，加强基础和前沿研究，提升科技原创能力。一是要加大科研投入力度。中国必须加大研发投入力度，在若干重要领域要掌握一批核心技术，拥有一批自主知识产权，只有造就一批在高端装备制造等支柱和战略性新兴产业领域引领全球的创新企业，才能在激烈的国际竞争中掌握主动权。二是要改革创新教育体系。人是第一生产力，是推动科技与产业创新、建设世界科技强国的关键所在。推动科技与产业创新不仅需要富于创新精神的科技与产业领军人才，还需要各种技能工人进行强有力支撑。三是要完善金融支撑体系。资本市场可以为高新技术企业提供资金支持。进一步完善金融体系，尤其是创新金融支撑体系，能够为企业科研创新提供资金和制度支撑。

（二）集成创新发挥产业集成效应

集成创新是有效集成各种现有技术。正如管理学家菲利普·科特勒在《国家营销——创建国家财富的战略方法》中指出，产业集成创新是一个国家实现产业能级跃迁和创新型国家目标的重要工具与方法，国家高质量跨越式发展离不开产业集成创新。

集成创新能力是衡量一个国家整体创新能力的重要指标，也是国家高质量发展重要体现方面，技术融合、企业相互合作和产业相互渗透，形成国家的整体创新能力，承接技术创新国的技术和产业转移，形成新的创新产业和经济增长点。集成创新的主要手段和实现途径就是产业集成。信息显示技术与光电技术综合学科交叉的新理论和新技术，包括光学薄膜电子学、材料学、半导体电子学等诸多领域，各种生产要素和服务的交叉融合，推动了产业形态和商业模式的根本变革。

日益激烈的国际竞争迫使各国政府不断提高其核心产业的技术创新能力，产业集成创新是加快产业结构升级和建设创新型国家的重要方式和途径，即通过对某些潜力巨大的核心产业的优先发展来促动其相关性产业和支持性产业的“联动”与技术集成创新，进而实现整个国家产业整体创新能力的提升，增强国家的产业创新能力和国际竞争力，充分体现国家利益和国家意志，彰显国家高质量发展水平。

当前，中国产业体系已初具规模，各产业的总体规模和产业发展水平都有所提升，产业主要聚集在浙江、江苏等沿海地区，产业间和企业间的集成创新能力相对较弱，集成能力、融合能力和创新能力较为滞后，特别是产业间的主导企业创新能力差，企业的核心技术研发能力弱。各企业的研发能力不足，研发经费投入很少，无法形成有效的技术和产品供给，关键技术大多依靠引进和模仿国外技术，集成创新和自主创新能力差，这些都成为制约国家高质量发展的原因。

各企业间融合集成意识不足，缺少统一的集成创新沟通和协调，恶性竞争严重。企业核心技术拥有量很少，产品设计水平和技术含量低，技术与装备的系统集成能力差。这导致中国缺乏高新技术产业和战略性新兴产业，多以低成本为基础实施集中生产，产业发展出现制造能力较强而技术能力却相当弱、产业规模较大而附加值却相当低、硬件规模较大而软件规模却很小、单机生产能力较强而系统集成能力却很弱的现状。

企业集成创新和产业集群发展是国家产业能力的重要标志，也是提升国家竞争力的重要路径。当前，世界多数国家的产业发展都采用集群发展模式，集聚各产业的相关企业，成立功能发展区，促进不同技术和产业间融合，实现资源整合与创新。例如，日本的筑波科技城与以色列的高精尖科技园区。就中国而言，中国重点应先确立和完善企业在集群创新中的主体地位，企业是集成创新的核心主体，既要推动科学技术创造，又要促进科技成果商品化，这是决定区域产业集成创新活动成功与否的关键。中国要构建产业生态圈，将各产业的资源、智慧和知识融为一体，以区域为主线将人力资源、企业、创新平台和资金支持相互串联，加速“产学研”一体化进程。此外，中国还要充分发挥政府的引导和驱动作用，建立国家集成创新支撑体系和科技成果转化制度，制定国家集成产业战略，培育产业集成的增长点，重点推进高新技术产业的发展。

（三）提升消化吸收再创新能力

引进、消化、吸收、再创新是各国尤其是发展中国家普遍采取的提高自主创新能力的重要方式，由于这种方式是建立在引进国外技术的基础上，所以往往导致出现技术引进后的消化和吸收能力不足、后期的创新能力难以提高的局面，这既是中国目前面临的很重要的问题，也是技术创新领域最为薄弱的环节之一。一是各产业中核心企业对技术引进后的消化和创新投入不足，产业整体缺乏创新的氛围。二是中国的技术引进数量虽然较多，但是吸收和消化能力欠缺，再创新能力不足。三是整体产业创新的制度保障不完善，技术引进后的管理制度不健全，缺少有效地吸收消化机制。这些都成为制约高质量发展的症结所在。

中国要想在技术创新和产业创新领域占据一席之地，就必须在引进国外先进技术的基础上，对高新技术进行消化和吸收，而后进行再创新，放大高新技术对高质量发展的带动、辐射效应。一是发挥政府的管理和引导职能，进一步出台实施细则。特别是针对消化吸收再创新的政府项目引进技术管理等，搭建公共技术支持中心，全力培育和引导有实力的龙头企业或机构，着力提升其对引进技术进行消化吸收再创新的能力，最终提升集群整体自主创新能力。二是重视提升技术引进后的消化吸收和再创新能力。重视企业的主体作用，引进先进技术，并将其改造、创新成为自身的实用技术。三是企业应该在政府支持下加大对技术的消化吸收力度，在资金方面向再创新倾斜，以求在技术引进后能进一步创新。

三、推动传统行业改造升级

技术的非连续性创新解构现有产业结构，产业格局和产业秩序产生裂解，大量传统产业逐渐完成改造和升级，技术含量不断提升，并形成新的产业格局和经济发展动力。依据产业生命周期理论，产业的新旧交替成为产业发展的必然，原有产业的升级和转型催生了新的产业生态，这是产业高质量发展的必由之路。

（一）技术对传统产业产生的冲击和裂解

新技术的出现打破了产业的现有格局和态势，使现有产业不断产生裂解，产业生态圈中的要素不断充分分配和整合。技术的冲击是产业发展的重要助推力，使产业在裂解过程中不断消亡、改造和升级，以形成适应新技术环境的产业发展态势和产业格局，推动高质量发展正向演进。

技术的非连续性进步和发展既是历史的客观规律，也决定了对产业冲击的非连续性，生物技术、信息技术、认知技术、纳米技术的非线性融合和突破是技术革命发展的主要特征，也是推动高质量发展的内在动力。

技术冲击是产业发展和产业结构变迁的重要动力。近年来科学技术的突飞猛进与知识经济的蓬勃发展，使得国际竞争越来越表现为技术水平和知识积累的竞争，技术越来越成为决定一国比较优势和国际竞争力的主要因素。

技术冲击下的产业裂解是完善产业格局、提升国家产业竞争力的重要途径。以互联网、云计算、大数据和智慧工程为主导的新一轮的技术革命对现有产业格局进行了颠覆性冲击，技术冲击的直接结果就是产业的裂解和产业格局的重组。技术的冲击完全裂解了原有产业生态圈的资源，使得整个市场的人力资本和创新平台等要素进行优化重组，形成新的产业生态圈，在市场机制的作用下，形成了资源的重新优化配置，使国家的产业结构不断完善。

（二）出清和淘汰传统产业

技术革命对社会影响是多方面的，如信息技术对改变整个人类社会的面貌起了重要的作用，计算机网络和信息高速公路的建立，将整个世界变成为地球村。

技术进步由于能使产品质量提高、成本降低、市场拓广、利润增加而引发产业的扩张机制，形成新兴产业或者加速旧产业的成熟过程，从而缩短了旧产业的产业经济寿命。特别是，互联网技术的发展，冲击了很多传统产业，使很多产业逐渐消亡，使很多实体商品店慢慢消失，互联网金融、互联网营销等模式的产生让传统的门店消费附带的相关产业逐渐消亡，智能技术和大数据技术的冲击让很多传统产业趋于消亡，同时与传统产业融合形成新的产业运作模式和新的产业。

（三）传统产业的装备和升级

在新的世界技术革命的冲击下，大批企业和很多产业都面临改造和升级，产品和技术不断更新换代。作为柯达最大的竞争对手，富士胶片深谙只有创新才能为企业创造新的活力的道理，用技术创新推动企业转型升级，使富士胶片在行业内率先度过了摄影胶片需求锐减的危机，成功实现了从传统胶片业向数码产业的转型。后来，富士胶片利用不断研发的新技术拓展新的市场，逐步向高性能材料、医疗保健、印艺系统等相关领域进行资本投入，成功迈上了新的成长轨道。

随着技术革命对产业格局的不断冲击和裂解，随之而来的就是对传统产业的改造和升级。以新技术为主导，以高新技术产业的发展为依托，传统产业的生产效率和技术水平不断进步，新技术既带动了传统产业的升级，也为国家产业结构的调整和完善提供了重要推动力。例如，英国在几次技术革命的背景下都十分注重新技术对传统产业的改造和升级，自 20 世纪 90 年代以来，在第三次技术革命的推动下，互联网和信息技术不断发展，为传统产业的改造和升级提供了重要契机，英国加快了对传统金融等服务产业的改造和升级，逐步实现了以金融服务和创意产业为支柱的产业结构调整，加速了现代服务业的发展，以“制造 + 现代服务”模式不断提高国家产业高质量发展水平。

英国的产业改造和升级过程有很多地方值得中国学习和借鉴。一是中国应以技术为导向，发展高新技术产业，以新技术带动传统产业的改造和升级。二是应该加强产业间融合和技术间的合作，加快产业生态圈的融合发展。三是发挥金融资本作用，促进产业改造和升级，政府应加快完善产业营造和创新的制度环境与产业政策，为高质量发展创造条件。

四、催生产业创新机制

技术创新引领下的新产业的衍生和产业结构的升级和改造是中国引领世界产业创新的基础。当前共建“一带一路”倡议将中国的产业升级和转移提升到了一个新的境界，G20 峰会进一步提出了包容性增长的产业发展路径。

（一）产业结构导向发展趋势

产业结构竞争力是国家实力的重要衡量标准之一，中国要引领世界产业发展和产业创新必须具备产业基础和产业条件，不仅包括产业自主创新能力、产业集成能力等，同时还要构建包括产业水平、产业深度、产业外延、产业融合和产业管理的产业整体发展体系，提升中国的整体产业实力。在当前的技术革命和产业变革时期，中国必须要加大科研和教育方面的投入力度，以奠定技术创新的基础，并加快“产学研”一体化进程，只有建立健全产业创新的金融和制度支撑体系，产业高质量发展才能真正实现。

一方面，以技术创新改造升级传统产业，实施制造强国战略。推动“中国制造+互联网”取得实质性突破。

另一方面，信息化和工业化相融合，带动和支持战略性新兴产业发展。将信息技术与经济社会发展深度融合，以信息技术为依托，在新的技术革命引导下，围绕云计算、物联网、大数据和智慧工程等一批新技术来改造与升级中国的产业体系，提高新产业的比重，提升传统产业的科技含量。构建信息产业的新业态，打造新技术产业生态圈，夯实产业高质量发展基础。

（二）基于“走出去”战略的产业结构新调整

首先，共建“一带一路”倡议为国内产业结构调整和产业转移提供了新的思路及方向，也为高质量发展提供了一条可选择的路径。这有利于带动产业、资金等资源流向中西部地区，促进制造业向中西部转移，加强东、中、西部之间的经济联动性。在共建“一带一路”倡议实施过程中，充分利用共建“一带一路”倡议大力推进的有利契机，加强区域间合作，优化国内产业链布局，促进中国区域产业平衡发展，提升产业高质量发展水平。

其次，“一带一路”倡议背景下中国加快了公共物品的对外输出，转移了国内过剩的产能，同时加快了中国中低端产业的向外转移，提升了中国产业结构的整体国际化水平。共建“一带一路”各地区产业布局的基础是通道的联通，加强各地区经济平台之间的交流与合作，共建“一带一路”背景下交通运输类、基建相关产业、装备制造业、能源建设产业将面临较大发展机遇，未来共建“一带一路”各地区可根据自身优势，加强地区间合作协调，优化产业链布局。

最后，共建“一带一路”倡议明确提出在亚投行指导下开展金融领域和投资领域的深化合作，为中国对外投资和企业“走出去”提供了良好的制度背景。共建“一带一路”倡议提出的外向型发展战略助力高质量发展。

（三）健全产业创新制度和政策支撑

以创新驱动作为高质量发展的着力点，健全产业创新制度和政策约束。金融制度和产业政策是产业创新的重要支撑。应借鉴发达国家经验，为产业创新提供重要的金融资金支撑，大力发展中国风险投资，大力发展证券市场，降低高科技企业上市条件，充分发挥证券市场的直接融资作用。建立产业技术创新基金，安排一定的财政债券用于 R&D 开发投入，提升高质量发展的科技创新含量。建立健全国家产业发展和创新支撑体系，要以科技创新为重点，大力推进创新驱动，持之以恒推进创新转型升级，加快推进以科技创新为核心、产业创新为重点、体制机制创新为保障的全面创新，营造“大众创业、万众创新”的政策和制度环境。

（四）加大技能和创意力度

要坚持技术创新的路径和方向，以技能和创意为先驱，引导中国的产业创新和发展，政府和企业加大科研投入和支撑力度，转变教育和培训方式，加速“产学研”一体化进程，同时加快产业生态圈建设，促进产业间融合和协作，提升中国的整体产业实力，实现“量”与“质”协同发展。

中国当前要加大科研资金方面的投入力度，以新技术革命为依托，以云计算、物联网、大数据和智慧工程等技术为基础，全面加快高新技术产业的发展，加大投资力度推进战略性新兴产业的发展，加快产业的原始技术创新和集成创新，鼓励企业投入技术创新中来，给予相关的资金和政策支撑。同时要加大人力资本投资力度，提升整体的人才素质和人才技能水平。改革教育体制和教育方式，以技术创新为指导，培养一大批高新技术人才，为产业创新建立充分的人才储备。鼓励企业加大人才培训力度，引进国家先进技术和专业人才，加强知识和技术的交流，提升总体的技能水平，尤其是技术创新技能和技术整合技能。同时还要加速发展创意产业的发展，鼓励企业投身创意行业和领域，建立专门的创意激励机制，将技术、创意和技能相结合，提升中国的总体产业创新水平。

加快产业生态圈的建设必须要整合生产资源、技术资源、人才资源、平台资源、政府资源等，将产业中的同类及相近企业整合在一起，加快技术溢出和产业融合，在地域内聚集众多的相互依存、相互协作的企业，包括专门从事产前的、产中的、产后的生产企业，横向的和纵向的配套协作企业，龙头的和外围的企业等，形成产业的科研、设计、实验平台和融合体系。

第二节 提升利益结构竞争力，实现高质量社会治理

随着时代发展，人们对权力的追逐与保护的意识在不断加强，利益主体对自身利益的维权行为更加频繁，不同利益主体之间的利益冲突也越来越多见。保障个体的利益需求，在全社会范围内构建高效、公正的利益分配机制，提升利益结构竞争力，是推动社会治理进程中必不可少的一环。

一、透析利益来源本质

利益是人们从事一切社会活动的根本动因，利益的社会本质在于对资源和条件的改造与占有。个人利益总是有意无意地融入社会物质生产关系之中。抓住利益的社会本质，立足人与人之间的经济关系来看待利益，充分挖掘个体潜能从而获得个体利益最大化。

二、发挥制度催化功能

在国家治理体系中社会治理占据着重要地位，提升社会治理能力是推动和实现社会治理的重要环节。这可以分为人权、股权和产权，其中人权是个体对利益的诉求、表达和满足，股权是对社会资源的参与和分配，产权是最终利益的拥有和归属。

在社会主义制度下，市场经济的发展，将为人权意识的普及与提高奠定可靠的经济基础。社会文明程度的不断提高，能为人们充分地享受劳动权、休息权、受教育权等提供良好的经济文化条件，为高质量发展夯实坚定的基础。

股权激励措施对不确定环境引起的社会治理主体非效率投资行为有抑制作用。在利益结构竞争力中，完善的股权结构既有助于减少环境不确定性导致的治理矛盾，抑制过度投资，也有助于降低社会治理主体对风险的承担，缓解投资不足，缓解高质量发展中所遇到的“融资”问题，从而提升高质量发展的水平。

三、满足多元利益主体的服务

通过构建社会普遍服务体系可以为社会中每个人提供平等地位、均等机会，防止社会阶层断裂化、碎片化、边缘化，充分发挥利益对社会的正向激励作用。

畅通弱势群体的利益表达机制、建构弱势群体的利益代表机制、规范弱势群体的利益分配机制、健全弱势群体的利益保护机制，是探寻弱势群体走出困境实现自身利益的有效制度安排。

第三节　强化制度结构竞争力，逐步掌握国际话语权

任何关注社会进步和人类发展的经济理论都不得不考虑制度建设和制度质量问题。

一、提高制度竞争力

制度竞争力推动着经济社会发展历史的步伐，大力提升制度竞争力，于经济社会发展具有重要价值。制度竞争力带来国家实力的提升主要体现在以下两个方面。一方面，提升国家竞争力。从国家价值层面看，做好制度建设，提升制度竞争力，有利于大幅提升国家竞争力；另一方面，改善民生状况。从社会价值层面看，提升制度竞争力有利于持续改善民生状况。

二、挖掘制度的本质

规则是社会制度的核心内容。制度通过规则，告诉人们能够、应该、必须做什么，要求社会成员必须遵守规则，以此达到约束人们的行为、维持社会秩序的效果。

制度的最初形态是习惯，习惯经过长时间的积淀，就成为习俗，二者构

成了人类社会最初的行为规范。第二形态是道德，这种约束机制通过自律与他律两方面表现出来。第三形态是法律，这是现代社会最主要的制度形态。在现实生活中，制度有多种表现形式。同时具体的行为模式和办事程序也有相应的制度，如考勤制度、审批制度等。可见，制度是大量规范的复合体。

产权、股权、人权既是21世纪三大基本权利，也是作为制度的三大基本要素，制度要做到产权明晰、股权激励、人权维护。制度设计者可借助股权激励，增强公司凝聚力和市场竞争力。

三、激活制度结构活力

在现代社会，制度不仅是各种游戏规则的总和，也日益成为一个强大的产业。先发国家不断创新着制度，不断激发人的潜能和平衡人与人、种群与种群、区域与区域、企业与企业乃至国家与国家的经贸安全和政治关系，基于产权和人权所形成的各类经济和社会游戏规则，成为现代文明最重要的发明。

制度本身是一种产业。美国之所以能够如此长时间地保持其世界霸主地位，原因之一就是美国重视制度设计，将制度视作一种产业，源源不断地从制度产业中获取直接或间接的物质利益，支撑国家发展。

除了美元本位制，重视教育制度的完善和发展，提高国家教育的水平，提升国民教育素质是美国成为世界超级大国的基础。教育培养出的人才是美国从工业革命以来能够赶超世界的智慧力量。

在当今国际体系中，守成国和崛起国的竞争日渐集中于制度的竞争上。制度是国家发展的基础，好的制度能够极大地作用于社会各领域，促进国家的发展步伐。制度是产业，着眼国家发展目标，让现实的需求与制度设计相匹配，通过制度产业支撑国家经济、政治、社会等各领域的发展，这是在国际竞争中制胜的关键。

四、提高制度之间的协同性

不同制度有不同的功能。自发形成的制度是相对文明进步的，其成本低收益高，易获得范围广泛的社会成员的认可遵从，具有社会整合功能。如果没有社会成员的充分选择，文明制度的产生就不可想象。任何替代包办违背社会成员意愿而产生的制度，都极可能沦落为腐朽落后和不文明行为。

从根本上说，是民众的选择主导政府的作用，政府的作用必须是顺应民众的选择。正确地理解处理好二者的关系，是更好实现制度文明的必需。

五、释放制度红利

有些制度能够加快经济发展和改善社会福利，而另外一些制度对经济与社会发展毫无裨益。这就是人们常说的制度产生了红利，促进了经济社会的发展。制度红利是指制度实施后，在社会公平的改进、社会信任的培养和社会平等的提升等方面发挥了积极的作用，让人们对制度更加认可和忠诚，对政权系统更加信任和认同。从划分根本制度和具体制度的角度看，不同类型的制度有不同的制度红利。在中国，根本制度红利是指社会主义制度的优越性。具体制度的红利是指能够降低社会运行的交易成本，提高社会运行效率的某种特定制度或某些具体规则的优越性。

要让制度产生红利，在进行制度设计时就必须选择合适的出发点，认识到制度设计所作用的最终对象是人，一切以人为中心、以规范人的行为为目标。

制度质量的优化就必须从制度设计的理念、对象、载体、规则等方面进行综合考量，其中，制度理念是制度设计的灵魂。同时制度质量的优化还必须从现实角度出发，只有设计出符合具体国家特殊国情的制度，才能对症下药，突破现实阻碍，催生制度红利。

在制度演化过程中最基础、最根本的红利是逐步实现产权明晰、股权激励和人权维护。股权激励立足人的自利性，通过合理设计股权制度，可以激发社会各主体的市场参与活力，使其主动自发地投身经济活动，推动经济发展中。

第四节　增强区域结构竞争力，促进区域高质量发展

区域结构竞争力虽是一个新话题，但却是早已存在的事实，它源自区域间各自利益目标的冲突。区位不同，功能不同，布局不同，体制不同，体制机制不同，区域间的竞争的形式、方式和能力也就大不相同。通过有意识梳理区域发展脉络，打造区域发展新引擎，创新城市发展模式，构建新型城镇化，完善社会普通服务制度建设，将大大增强区域集聚生产要素和创造财富以及促进区域发展方面的能力，进而决定一个区域在较长时期内的发展地位和竞争水平。

一、把握区域发展脉络

谋划区域发展新棋局，由东向西、由沿海向内地，沿大江大河和陆路交通干线，是区域发展的基本脉络。通过规模经济、城市建设，这是提升区域结构竞争力的重要途径。

海洋是提升区域结构竞争力的重要支撑。随着生产力的发展，海洋的重要性日益凸显。在近代和现代大工业时期，使得以手工劳动为基础的工场手工业转为大机器生产。工业革命带来生产力的极大提高，海外贸易成为国家财富的重要来源，海洋的重要性日益显现出来。

当前，世界人口的 60% 居住在距海岸 100km 的沿海地区。在中国，胡焕庸线以东地区以 43.71% 的国土面积养育了 94.39% 的人口；以西地区占国土面积 56.29%，而人口仅占 5.61%，这些人口主要生活在适宜和基本适宜地区。大范围跨国贸易的出现使滨海城市比内陆城市得到更快发展。

二、打造区域发展新引擎

通过扩大生产规模而引起经济效益增加的现象，规模经济反映着生产要

素的集中程度与经济效益之间的关系。规模经济不仅体现在制造业，在农业和服务业中规模经济的作用也愈加明显。

1. 规模化经营创造农业生产的经济效益

国际经验证明，农业现代化的突破口正在于通过变革现有的规模小、封闭运作且马赛克化的土地经营制度，继而推进农业的技术化、专业化、规模化经营。1933 年，美国罗斯福新政开启了美国农业现代化之路。在当时，农业现代化的具体内容包括电气化、机械化、农业科技、农业农村的社会保障体系。在改革过程中，美国的农场数目不断减少、规模不断扩大。英国则通过“圈地运动”，把耕地变成农场，采用机器生产，实行最严格的节约劳动的资本主义雇佣制大农场经营。第二次世界大战后，日本迅速布局农业现代化，通过化学化优化土壤环境，接之以规模化提高生产效率。农户总数量不但减少，农户规模也进一步扩大，户均耕地面积达到 2.92 公顷。

顺应全球农业发展规律，技术化、专业化、规模化经营是中国建立强国农业的战略选择。

2. 空间集中是制造业发展的必然

制造业是经济增长和发展的原动力，制造业的空间集中是经济活动地理集中的一个缩影。中国制造业空间分布的集中程度加强，反映了地区经济发展的差异程度增大，区域间的产业分工更为明确。劳动密集度很高的纺织业、服装及其他纤维制品制造业、皮革、毛皮、羽绒及其制品业等行业表现出较强的集中趋势，并且主要集中在东部经济发达的省份。

3. 服务业的集聚正成为新的力量

20 世纪 60 年代初，世界主要发达国家的经济重心开始转向服务业，产业结构呈现出“工业型经济”向“服务型经济”转型的总趋势。目前，全球服务业增加值占国内生产总值比重达到 60%，主要发达国家达到 70% 以上，即使是中低收入国家也达到了 43% 的平均水平。欧美、日本、韩国等国家的地区均实现了以服务业为主导的经济形态，服务业由分散型向集聚型过渡，并逐渐成为国家的核心竞争力。

在我国，20 世纪 80 年代改革开放初期，以外向型经济为特征的虹桥开发区建设是上海现代服务业集聚发展的起源，逐步形成了虹桥商务集聚区，这是上海现代服务业集聚区的雏形初现。在黄浦、卢湾、静安、浦东、长宁、徐汇等区都呈现出服务业集聚发展态势。但是，中国服务业本身的竞争力不仅落后于发达国家，其集聚程度也大大低于发达国家。尽管如此，服务业集聚趋势已出现并取得了一定成绩，显示着其在提升区域竞争力中的重要作用。

4.城市是提升区域结构竞争力的载体

人类社会在漫长的演化中，曾长期在“黑暗”中摸索，长期在没有文字、没有城市的荒野中生活。城市的产生，使人类逐渐克服动物的本能，并构建起“社会群体”意义上的理性生活。同时城市也因此成为人类区别于其他动物的创造行为和创造方式，这一方式在进入国家形态后，表现出一种区域性的地缘政治、地域文化，并创造和演绎着不同民族的文化与社会属性。刘易斯·芒福德曾说：“城市实质上就是人类的化身——城市从无到有，从简单到复杂，从低级到高级的发展历史，反映着人类社会、人类自身的同样发展过程。”

城市是经济增长的发动机。城市群代表了更先进生产力。从全球来分析，美国东北部城市群、五大湖城市群、日本关西城市群、英国中部城市群、德国中部城市群等都是世界经济发达地区。城市群形成不仅是城市发展到一定阶段后的必然现象，城市群形成也代表了更高的生产力区域。

区域结构竞争力的提升需要城市的组合。研究显示，不同形式的人类集聚区促进不同生产方式的集聚经济：市镇促进农产品销售和分配的规模经济，中等城市提供制造业和分配的规模经济，而特大城市提供多种设施，促进企业、政府和教育服务领域的创新。重视城市的作用，协助城市更好地运作，不仅会实现集聚经济的最大效益，区域结构竞争力的强大也就随之而来。

三、建立主体功能区

随着中国经济社会发展进入新阶段，资源环境约束日益趋紧，生态产品供需矛盾更加突出，加快转变国土空间开发方式、创新国土空间保护模式、提升国土空间开发保护质量和效率的需求更加迫切。进一步完善主体功能区战略和制度，对加快生态文明建设，促进空间均衡发展，推动形成更高质量更有效率更可持续的空间发展模式，实现“两个一百年”奋斗目标和中华民族伟大复兴的中国梦，具有重大战略意义和深远历史意义。

1. 构建区域主体功能

主体功能区划分可规范地域空间内发展的有效性，并根据不同区域的差异性来优化空间结构，增强区域发展的协调性，从而使区域可持续发展。

2. 打造城市化战略格局

在经济全球化的推动下，港口是一国与国际连接通道的重要节点，是区域加入经济全球化和社会分工的基础。全球十大最繁忙港口中国占七个，分别是上海、深圳、香港、宁波 - 舟山港、青岛、广州和天津。港口内联腹地，外联其他港口和市场，作为区域的窗口和门户，港口是生产要素最大的结合点，是聚集国内外资本、设备、技术等的重要渠道。围绕港口的聚集效应，促使更多的相关公司、供应商和关联产业相应集中，形成相关产业链条，促进区域经济产业升级，形成综合性、多行业的港口产业布局。港口城市的发展与中国优先开发区的发展正在结合为一个整体，不仅成为城市最为开放和创新功能最强的元素，而且成为优先开发区优化产业结构、优化空间布局的核心动力。

3. 以创新产业集聚推动重点开发区支撑全国经济增长

近年来，随着工业化和城市化的不断推进，中国沿海一些地区出现了产业集群化的趋势。产业集群是一种新生的产业组织形式，它的核心是建立在社会化（外部化）和网络化基础上的竞争合作机制和新型专业化分工体系。

（四）培育云城市群

只有认识、尊重、顺应尊重城市发展规律，从粗放、摊大饼向节约紧凑、绿色发展模式转变，通过楼宇经济、交通引领、城市联动，合力推动中国城市发展模式转型，培育云城市群，结合共建“一带一路”倡议精神，城市才能在区域结构竞争中发挥更大的价值。

楼宇经济是城市和社会经济发展到一定阶段而自然出现的经济现象，创造出更加广阔的城市区域空间。楼宇经济逐渐成为带动城市经济发展和升级转型的新引擎。从发展模式来看，楼宇经济也是一个复杂的经济模式，具有节约空间、高效益值、辐射力强、潜力巨大等特点。

城市发展要素不断集聚，给全球经济带来更加自由的相互投资和产业合作。融入共建“一带一路”倡议，增强云城市群竞争力。中国在经济全球化的过程中，要充分吸纳和集聚全球资本、技术等重要的要素资源，并迅速形成生产规模，进而促进中国的经济发展和实力提升。

五、构建新型城镇化

新型城镇化坚持以人为本，以统筹兼顾为原则，以土地、产业与人口的互动为表现形式，以安居园、创业园、培训园的互动为依托形态，以城市化、新型工业化和农业现代化为优化升级，以社会、产业、政府互动为本质内涵。新型城镇化要实现的目的就是产业集聚发展、土地集约使用、人口集中创业。实施创业园工程，需要多方合力，共同推进。

实施安居园工程。不断提高人民群众生活水平和质量，是改革发展的根本目的，也是我们一切工作的出发点和落脚点。现阶段，在人们衣食住行等基本生活需求中，温饱问题虽已基本解决，但住的问题还比较突出。住房是人的生存之所，发展之基。古人讲，“宅者人之本”“人因宅而立”。只有安居才能乐业。只要住的问题解决了，群众生活就更有奔头，创业就业也就更有信心。

六、推动区域包容性发展

在中国正面临即将由中高收入国家向高收入国家迈进，经济增长将更加需要依靠内需拉动，面临资源环境约束更加强化的新的历史时期，解决区域问题要以实现包容性发展为着力点。只有完善人员流动制度、土地制度、户籍制度、社会制度等，实现区域包容性发展，才能进一步增强中国的综合实力和综合竞争力，才能实现各地区人们社会福利的普遍增长，才能实现人与自然和谐共处，才能最终实现共同富裕的目标。

主要举措：一是剥离身份限制，实现劳动力的自由流动。二是推进土地制度改革，保障土地市场畅通。三是完善公共服务制度建设，构建区域无差别政策。从工农差距、城乡居民收入差距和社会发展差距等方面综合判断，目前中国城乡差距悬殊。当然，构建区域无差别政策并不是要搞完全均等化，而是必须根据现阶段的实际有重点、分步骤地提供社会普遍服务。

第五节　提高伦理结构竞争力，支撑高质量科技创新

当前全球化、工业化和城市化等多重力量，正在颠覆着中国传统社会的结构模式与伦理逻辑。新一轮科技革命和产业变革影响逐渐深化，高质量发展与伦理之间的关系越来越紧密，如发展人工智能不仅存在技术应用问题，也存在伦理性甚至人性的跨领域问题。

一、高质量发展引发伦理观念转变

短期与长期，供给侧结构性改革都涉及多数社会成员的利益调整问题。引发人们伦理观念变化，是正向演进为动力，还是负向转变为阻力，成为供给侧结构性改革能否成功的重要保障之一。

一是供给侧结构性改革引发就业伦理观念的转变。我国人口基数较大，“僧多粥少”，各项社会保障政策只能是“托底”，要想生活更加富裕、更有满足感，社会失业人员就要重新就业或创业。供给侧结构性改革，就是要化解产能过剩。如果在供给侧结构性改革过程中，化解产能过剩，就有可能导致企业中富余的社会人员失业，因此人们需要转变就业伦理观念。

二是供给侧结构性改革引发致富伦理观念的变革。“快富”的经济伦理思想并不符合市场经济的客观规律。因此，转变“致富”经济伦理观念，至关重要。

三是供给侧结构性改革引发政府角色伦理观念的变革。政府的角色不再是“裁判员”+“运动员”，而是转向服务型政府，当好“服务员”，为社会民生提供切实有效的福利制度保障。

二、把握价值伦理推动高质量发展

为建设世界科技强国而奋斗，推动产业和产品向价值链中高端跃升，意在实现高质量跨越式发展。

首先，推动高质量发展需要多元化动力驱动。当前，我国实施创新驱动发展战略，叠加新一轮科技革命和产业变革。要建设制造强国，就应把握科技与产业创新的特点，为高质量发展加强科技供给。其次，正确的价值伦理观是推动高质量发展的着力点。当前，高质量发展面临民生改善与健康保障、生态环境保护、公共与国防安全等诸多问题。我国要建设制造强国与世界科技强国，就要以先进的价值伦理为指导，积极推动科技与产业创新，助力高质量跨越式发展。除要贯彻落实创新、协调、绿色、开放、共享的新发展理念，我们还要认识到科技与产业创新的伦理基础之一，就是尊重自然、尊重生命、尊重人生存发展与创新创业的平等权利。依法保护知识产权，保护公共和私人财产权，公平自由分享全球知识信息资源；构建一个追求唯实求真、诚信合作的社会环境，成为高质量发展的行为准则。

三、多方发力树立促进高质量发展的正确价值伦理观

要树立促进高质量发展的正确价值伦理观，就要在强化基础与前沿研究提升科技原创力的过程中，加强对人的正确价值伦理观的培养。要建设制造业强国，就必须加强对人的正确价值伦理观的培养，在基础理论研究与核心技术研发两方面取得原创性突破。

变革教育体系，巩固培养正确价值伦理观。建设制造强国，人才是关键。培育创新企业文化，引导价值伦理观走向。依法强化市场公平竞争机制，落实鼓励企业进行技术创新的政策，重点强调对创新人才引培方面的支撑力度，激励企业加大人才创新投入力度，不断完善创新人才利益分享机制，造就一批在高端装备制造等支柱和战略性新兴产业领域引领全球的创新企业人才标杆，全面引领企业创新文化，形成具有中国特色、符合新时代要求、受全球尊重的企业创新文化，为高质量发展保驾护航。

第七章　建五维度科学指标，评估高质量发展度

不能量化就不能管理，不能管理就会缺乏推动的抓手。如何评估高质量发展，建立一整套指标体系，进而以此为根据，推动整个经济社会发展转型至关重要。采用技术替代度、产业衍生和替代度、职业衍生替代度、社会开放与融合度及环境治理度等五个维度来度量和考核经济社会的进步程度，不仅能促进经济社会发展，而且可以为政府实施各项激励政策提供科学依据。

第一节　厘清指标相互关系，把握指标构建逻辑

本节从技术替代度、产业衍生和替代度、职业衍生替代度、社会开放与融合度及环境治理度等五个维度来科学衡量高质量的发展。

一、技术发展迭代叠加，创新驱动社会发展

在经历了英国主导的第一次工业革命和美国引爆的第二次工业革命之后，电脑、能源、新材料、空间、生物等新兴技术迅速兴起发展，引起了第三次科技革命。这次技术革命是以纳米技术为核心的高新材料技术，以云计算、物联网、大数据、人工智能和区块链为核心的信息技术，以生物技术为核心的医药技术联袂突破，呈现技术迭代叠加的现象。我国经济发展已由高速增长阶段转向高质量发展阶段。高质量发展要求在更高层次、更大范围发挥技术创新的引领作用。要着力实施创新驱动发展战略，抓住了创新，就抓住了牵动经济社会发展全局的“牛鼻子”。

二、理解产业衍生替代，促进产业良性发展

产业衍生和替代是以产业发展实际的业绩效果为考核评估依据的价值衡量，主要包括三方面内容：产业规模、产业结构及产业创新。自从第一次产业革命以来，产业发展呈现出三大方向：一是新技术装备传统产业；二是新技术直接生成新产业；三是技术产业的外在网络化融合形成的新产业形态。

社会发展急需产业替代度评估体系，中国高质量发展进程中产业衍生和替代度评估具有重要作用：一是社会发展进程中产业发展蕴含了自己独特的价值目标，而这一指标可以用产业替代度评估体系来定量测评；二是不同区域的经济社会条件各有不同，基于产业发展的高质量发展进程各有不同，要想明确剖析、定位自身的高质量发展进程，就必须先科学诊断特定区域的特定产业发展现状及未来态势，剖析产业升级路径，找寻产业替代规律，明确产业替代的可行速度。

三、以人为本健康发展，推进职业衍生替代

职业的衍生和替代定义为，技术的不断进步，不断推动新产业的诞生，老职业的死亡。随着新产业的诞生，新的职业也会相应依附产生，老产业的死亡也带动老职业的替代，替代性技能装备又能衍生新职业。例如，农民工进城，为了培养他们的技能，产生了职业培训、咨询等新兴服务业。

在当代社会，职业身份的分类是一种最基本的社会性区分，从事不同职业的人，在收入、声望、教育、权力等方面都存在着差异，因为职业的分类与社会分化紧密相关。[①] 此外，马克思主义哲学认为，实践是人的生存基础，是人的意识活动的基础，是人的社会关系的基础。如果不将实践纳入高质量发展的主要维度，成为一个核心指标，必将导致以人为本的高质量发展的衡量缺乏扎实的根基。居民实践的基本手段无疑是职业。在社会高质量发展过程中，对职业的关注就是水到渠成。由于社会发展是一个动态的、无限的、发展的过程，因此我们考察职业不能从静态着手，而应关注其动态的变化过程，即职业衍生替代。

① 陆学艺 . 当代中国社会流动 [M]. 北京：社会科学文献出版社，2004.

四、推进社会开放与融合，实现区域可持续发展

社会开放融合是指像技术的模块化一样，社会也需要融合，而社会融合的前提是开放，开放本身就带有生产性、工具性。社会开放是社会发展的重要推动力，更是衡量社会高质量发展程度的标志。一个地区不仅要保持适当的开放性，把社会发展所需要的各种资源和要素引进来，还要通过融合，把资源和要素真正留住，为区域发展所用。建设多元开放平台，只有实现从开放到融合，社会才能保持稳定的社会结构，实现可持续、高质量的发展。

五、提高环境宜居程度，实现创业与灵魂皈依

环境宜居顾名思义就是适合人们居住的创业和灵魂所皈依的环境，是适宜“五创”（即创富、创新、创意、创造、创业）的环境氛围。环境的建设有着至关重要的意义，是社会经济发展的基础保障，是衡量高质量发展的重要指标。目前，中国是世界上经济发展最迅速的国家之一，正处在高质量发展转型的重要时期。中国即将转变成为一个生态、经济可持续发展的社会，以节约型代替粗放型，构建优化环境宜居度的发展路径，不仅对中国及与中国情况类似的发展中国家实现高质量发展有意义，对整个世界的高质量发展也有着较为重要的意义。

六、理解五维度指标关系，评估高质量发展

技术替代度、产业衍生和替代度、职业衍生替代度、社会开放与融合度及环境治理度这五个维度的相互关系如图 7-1 所示。

简单来说，技术创新是产业活动的本质所在，在知识型经济下，产业发展更依赖技术创新，也更易引发技术创新。技术创新是产业永葆青春活力的重要力量，特别是创业型经济与知识经济是相伴而生的，因此，技术迭代叠加与产业衍生替代二者相辅相成。技术的衍生替代与产业的衍生替代又必然导致主流职业发生改变，加速职业替代。社会的开放加速了商流、人流、物流、资金流、能流、价值流、信息流和技术流等流动资源的流通，从而促进

技术的扩散。只有真正实现从开放到融合，社会才能吸附流动资源、吸引高端人才，实现高质量发展，因此社会开放与融合与其他维度密不可分。另外，技术替代、产业衍生与替代、职业替代、社会开放与融合均可以促进环境宜居度的提高：职业的更替满足了居民实践的需求，旧的职业被淘汰，效益更高的职业产生，这些都会提高居民生活水平；技术则让居民的生活更为便捷、丰富。同时，在国际化的趋势下，流动人口日益增多，社会开放与融合程度越高，越能吸引流动人口的聚集并定居。

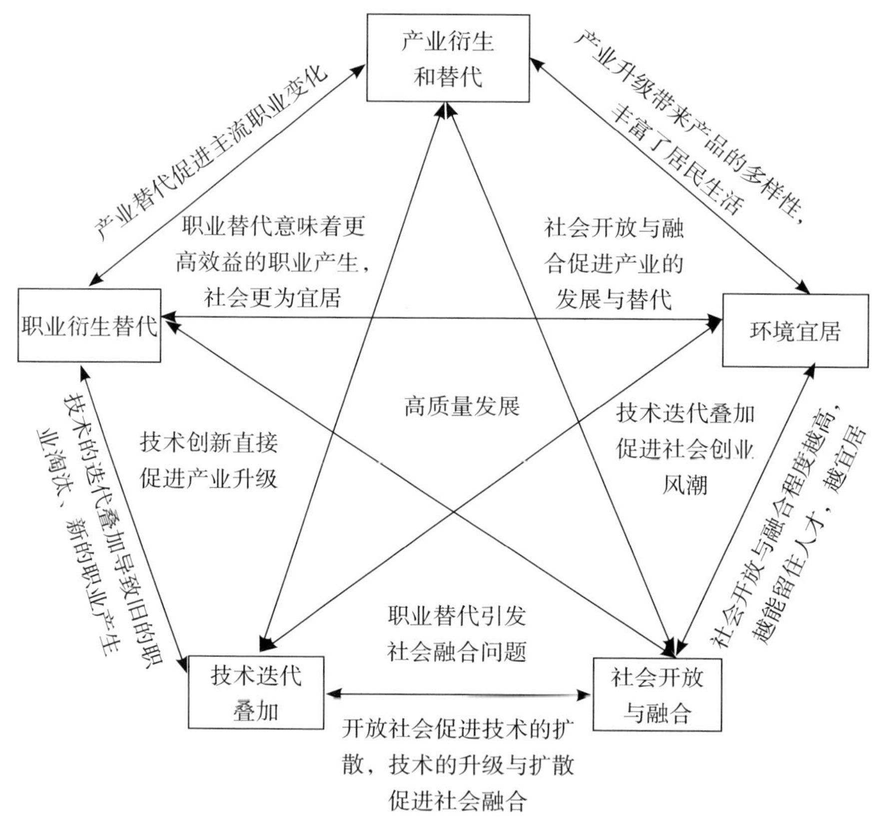

图 7-1　五维度指标关系示意图

第二节 顺应技术迭代叠加，凝聚社会增长动力

技术进步是人类经济社会发展的最根本动力。随着技术的进步，人类前进的步伐呈现加速的状态，人类共经历了三次技术革命。第三次技术革命是以纳米技术为核心的高新材料技术，以云计算、物联网、大数据、人工智能和区块链为核心的信息技术，以生物技术为核心的医药技术联袂突破，呈现出迭代叠加的现象，技术突破的速度和技术产业化的速度决定着一个国家在世界产业链分工的地位，决定着国家的世界竞争力。

一、明晰技术迭代叠加，促进创新驱动发展

技术迭代叠加是指社会发展过程中技术逐步的更新与突破。人类历史上总共经历了三次技术革命，每一次技术革命都提高了生产效率，开辟出新的经济模式，并且改变人类的生活方式。

第一次技术革命首先发生在英国，以瓦特改良蒸汽机为起点，将纺织业等产业的生产效率大大提升。这不仅是一次技术改革，更是一场深刻的社会变革。这场技术革命推动城市化进程，促使资本主义工商业替代了传统的手工业，巩固了新兴的资本主义制度，极大地促进了社会生产力的发展，为人们生产了取之不尽用之不竭的工业产品，不仅丰富了物质生活，也推动了人口由农村向城市迁移。第二次技术革命是以德国和美国为发源地，以电力工业为社会带来了“光明”。同时内燃机的发明将过去以铁路为主的流通方式转变为公路为主的“门到门”的传递方式，有利于因地制宜的分散生产，促进了经济、政治和社会的发展。

第三次技术革命是以纳米技术为核心的高新材料技术，以云物大智（云计算、物联网、大数据和人工智能）和区块链为核心的信息技术，以生物技术为核心的医药技术，将世界扁平化、透明化、互联化，大大提高了生产率，同时也迭代叠加创新出更多的新技术。

二、遴选技术替代指标，加速融入创意元素

技术迭代叠加评估体系涉及技术创新投入、技术创新产出与环境创新等方面，每个方面包含多个指标。针对优先开发区、重点开发区、限制开发区中的农业开发区和限制开发区中的生态发展区，评价指标分别设置了不同权重。

（一）技术替代度指标选取说明

1. 技术创新投入指标

为了更好地反映技术创新投入对区域创新能力的影响，本书从资金投入方面、人才吸纳等方面来讨论区域技术创新投入对区域创新能力的影响程度。技术创新投入指标是指区域内的创新主体在人才和科研等方面的投入量，本书选取了 R&D 经费支出（亿元）、大中型工业企业 R&D 人员数量（万人）、普通高等学校招生人数（人）和科学技术支出占地方财政支出比重（%）四个指标，通过资金、人才等方面的分析，观察技术创新投入对区域创新能力的影响。

2. 技术创新产出指标

技术创新产出反映的是区域内创新成果的转换能力，技术创新的投入产出能力能够更好地反映区域创新能力的水平。因此本书选取了专利授权总量（件）、第三产业增加值（亿元）和高新技术产品出口额（亿元）三项指标来分析技术创新产出对特定区域创新能力的影响。

3. 环境创新指标

本书主要从公共图书馆藏书量（万册件）、报纸年发行量（亿份）来衡量区域内的文化环境；区域教育环境是指区域内政府等部门对教育活动的支持力度，通过教育对创新活动的支持和引导，可以为创新者提供一个更好的创新环境。因此，本书还选取了教育经费支出占公共预算支出比重（%），以及科学研究和技术服务业固定资产投资额（亿元）等方面来讨论教育环境和基础设施等环境对特定区域创新能力的支持作用。

（二）技术替代度评估指标体系

通过查阅国内外学者们对技术创新以及技术扩散评价指标体系构建的相关经验和方法，在指标选取上遵循长远性和内涵性、可比性和针对性、科学性和可操作性3项原则，本书构建了技术替代度评估指标体系（见表7-1）。

表7-1　技术替代度评估指标体系

技术创新投入	科学技术支出占地方财政支出比重
	R&D经费支出
	大型工业企业R&D人员数目
	普通高等学校招生数目
技术创新产出	各类产业就业人数比重
	专利申请数
	热门职业从业人数比重
	年新职业出现数
环境创新	公共图书馆藏书量
	报纸年发行量
	教育经费支出占公共预算支出比重
	科学研究和技术服务业固定资产投资额

第三节　立足产业衍生替代，激发产业发展引擎

现代化国家竞争力体现在战略新兴产业的衍生速度、质量和方向，我们必须要清楚知道在社会发展进程中的产业发展的不足及困境，才能有的放矢，及时调整产业结构，取得实效。这就必须要在经济由高速发展转向高质量发展的过程中，纳入产业衍生和替代度评估体系，建设多元开放平台，支撑产业发展。

一、剖析产业衍生替代，促进产业高效发展

产业衍生替代是产业的产生、成长和进化过程。衡量产业的高质量发展，就是要以技术直接产生新产业在GDP中所占的比例，新技术装备传统产业

的速度，以及新产业态形成的产业价值占 GDP 的比重，以产业发展实际的业绩效果为考核评估依据的价值衡量，主要包括三方面内容：产业规模、产业结构及产业创意。

（一）理解产业规模内涵，实现经济效益最大化

产业规模是指一类产业的产出规模或经营规模，产业规模可用生产总值或产出量表示。合适的产业规模是国家和政府在制定产业政策时需要考虑的一个重要方面。随着规模经济研究的深入，对产业规模的研究也逐渐深入。

（二）解析产业结构指标，促进产业发展协调

产业发展关键环节是产业结构。产业结构是指国民经济各产业之间所表现出来的生产技术经济联系和数量比例关系。产业结构决定了人才需求结构，并要求人才供给方提供与之配套的人才类型。

（三）阐明产业创新指标，挖掘产业发展潜力

产业发展包括量的增加和质的飞跃，包括绝对的增长和相对的增长，主要取决于产业创新力。21 世纪是知识经济大爆炸时代，产业投入中的知识或者是创新科技等新型要素投入其他生产要素中时，对其投入应用和改进越多，这个要素所创造的价值就越大，产品的核心价值越高，则市场价格就越高。[①]

首先，技术创新。技术创新是产业活动的本质所在，创业型经济更依赖技术创新，更易引发技术创新，技术创新在创业型社会中无处不在、无处不有。技术创新是产业永葆青春活力的重要力量，特别是创业型经济与知识经济是相伴而生的，二者相辅相成。

其次，技能提高。这就要求培养和训练大批掌握了当代较高水平的应用技术和理论知识，并具有创造性能力和独立解决关键性问题能力的高素质劳动者。[②] 特别是，我们不仅要培养和造就一大批高级科研人才，而且需要培养千百万掌握和运用科学技术的高、中级技能型人才，这是现代生产与科学技术的本质要求。

最后，创意突破。斯坦福大学经济学家保罗 · 罗默认为，人类伟大的进

① 张海峰 . 文化创意产业发展的经济学透视 [J]. 经济研究导刊，2013（03）.

② 何强 . 高等职业教育应如何培养高技能型人才 [J]. 经营管理者，2010（12）.

步都是来自新思想、新的科技创新和文化创意。目前，投资驱动型经济已经走到了尽头，我们需要创新驱动型经济与知识驱动型经济，需要新创意、新知识来推动经济发展。[①] 罗默指出，新创意会衍生出无穷的新产品、新市场和财富创造的新机会，所以新创意是推动一国经济成长的原动力。

二、确立产业发展目标，定位产业升级进程

在经济由高速发展转向高质量发展的过程中，要纳入产业衍生和替代度评估体系。产业衍生和替代度评估体系是以产业实际的业绩效果为考核评估依据的价值衡量体系。高质量发展产业衍生和替代度评估体系必须要由多项指标从多个不同视角来反映发展程度。在选取指标之前，明确高质量发展中产业衍生和替代度评估的地位与作用，有助于我们更好地进行科学合理的评价。

高质量发展中产业衍生和替代度评估具有重要作用。首先，社会发展过程中产业发展蕴含了自己的价值目标，正如公共管理一直对“效率与公平”的追求一样，这些价值目标恰恰可以通过科学合理的指标体系所包含的内容直接明确反映出来。

其次，社会发展过程中产业衍生和替代度评估体系代表了产业发展目标的明确，特别是指标体系中具体的子指标都是产业发展进程中的阶段性子目标，建立科学合理的高质量发展中产业衍生和替代度评估体系有利于在实践过程中做到有的放矢。如果没有产业衍生和替代度评估体系，中国各个地区在实践过程中可能并不了解自己产业发展现状，就不能制定有效的政策措施。高质量发展过程中产业衍生和替代度评估体系中的指标有利于各个地区清楚明白自身所处的发展阶段，可以明确指引各地前进的方向，从而有利于科学合理地制定政策，加速社会发展。

最后，为了支撑产业发展，社会应建立多元开放平台。多元开放平台由技术开放平台、创意衍生平台、技能扩散平台组成核心动力轴，由知识系统（包括信息交流系统、知识流变系统、知识共享系统）、政策共享系统和金融共享系统提供三大支撑。技术开放平台不断催生新技术，创意衍生平台扩

① 张海峰．文化创意产业发展的经济学透视 [J]. 经济研究导刊，2013（03）.

展产业集群知识存量，技能扩散平台耦合资源要素配置，形成产业技术创新的内在动力与机制。在此基础上，通过信息交流系统、知识流变系统、知识共享系统实现知识扩散、资源共享、一体化集成。通过金融共享系统为企业家提供微型贷款、提供贷款担保项目、激励投资新企业和早期企业的天使投资和风险资本等，并为技术创业者提供种子资本基金，以应对市场失灵，为新企业和早期企业提供最为紧缺的融资资源。通过政策共享系统实现财税政策、产业政策、金融政策及政策性资金共享，实现知识产权保护、私有财产的保护、反垄断、市场准入、支持中小企业技术创新以及规范资本市场的法律法规等法律规范体系的构建。通过多元开放平台促进产业创新要素聚变创新、裂变创新和迁移创新，推动创新成果外溢及产业化发展，降低技术创新成本，实现人力资本、技术资本和金融资本的融合。[①]

三、分类构建指标体系，评估产业衍生替代

产业替代度评估体系涉及产业规模、产业结构、产业创新等方面，每个方面又包含多个指标。针对优先开发区、重点开发区、限制开发区中的农业开发区和限制开发区中的生态发展区，评价指标分别设置了不同权重。

（一）产业衍生和替代度指标选取说明

中国各个地区在实施产业发展战略时，首先要清楚地知道地区内产业发展的现实情况。产业发展是高质量发展的主要推动力，通过社会经济联系使各个地区之间形成一种地域关系，促使产城融合，实现各地区在政策上的平等、产业发展上的互补、国民待遇上的一致，让农民与城镇居民、落后地区与发达地区居民享受到同样的文明和实惠，使整个经济社会全面、协调、可持续发展。产业衍生和替代度评估体系不可避免地涉及产业规模、产业结构、产业发展及产业支撑等多个方面，仅采用一个或几个简单的指标难以全面反映和测度经济一体化的发展状态，因此，必须建立一套完整的一体化评价指标体系。

当然，社会发展过程中产业衍生和替代度评估体系不是一些指标的简单

① 许正中，杜宏巍．深圳IC基地：多元开放平台催生区域产业创新[J].行政管理改革，2015（10）：26-32.

堆积或随意组合，而是一系列具有内在联系的指标组成的有机整体。产业衍生和替代度评估体系中的指标既是社会高质量发展过程中产业发展的指示器，又是提供产业发展信息的基本单元。产业衍生和替代度评估体系构建的总体目标，是全面、准确、科学地反映社会发展过程中产业发展状态并能够进行横向和纵向的综合评价和判断，有助于综合了解社会发展过程中产业发展的水平；有助于发现产业发展的主要问题以及主要影响因素，使得高质量发展过程中产业发展对策的制定更具有针对性；有助于了解高质量发展过程中产业发展演化轨迹，判断高质量发展的速度。总而言之，产业衍生和替代度评估指标体系设置对制定促进高质量发展的具体对策具有现实指导意义。

1. 产业规模

产业是经济发展的重要支撑，而经济发展程度主要体现在地区生产总值上。地区生产总值能够从整体上反映一个城市经济发展程度，而经济发展程度在一定程度上决定着城市综合竞争力。通过各个国家或地区生产总值对比，可以在某种程度上反映其竞争力的强弱。

产业发展需要有雄厚的投资资本，这是产业发展的活力之源。产业的投资资本不仅只局限于本地资金，还要涉及外地资金。特别是，社会发展越好，对外吸引力越大，外地投资商才会愿意来投资。因此，运用外资数额指标可以在一定程度上反映社会发展的合理度与科学度。

产业发展的终极目标是促进城市发展，为社会发展做出贡献，而产业能够发展壮大的重要前提是城市具有良好的基础设施，与提供基础设施最相关的就是财政收入指标。因此，财政收入对产业发展具有很大的影响，可以说是产业发展的基础，在某种程度上可以反映社会发展快慢。

2. 产业结构

产业结构优化的根本点是增强结构转换能力，因而对产业结构优化的实质，以及产业结构优化如何进行测度问题进行深入分析很有必要。区域发展处于不同阶段，具有不同的产业结构及相对应的城市化发展特征：农业经济时期，经济活动以农业占主导地位；伴随工业化的发展，产业结构也不断地发生变化，第二、第三、第四产业比重逐渐上升；进入后工业化时期，随着资源节约、环境友好型社会的发展，高附加值、高耗能、高污染的产业逐渐退出历史舞台，反之高附加值、低碳、轻污染的产业占据经济发展大舞台，区域产业结构以第三产业为主，出现产业服务化趋势，同时产业创意度不断提高，第四产业所占比重不断提高。由于中国当前大部分地区主要还是第一、第二、第三产业，而第四产业处于初级发展阶段，因此基于数据的普遍性，我们用第三产业生产总值占地区生产总值比重指标来反映一个城市产业结构的转换能力。

社会发展能否跟上时代发展潮流，在某种程度上取决于产业发展方向，实质就是取决于产业结构优化升级，而新兴产业是产业结构优化升级的有利抓手。新兴产业主要包括节能环保、新兴信息产业、生物产业、新能源、新能源汽车、高端装备制造业和新材料等产业。可以说，新兴产业引领着未来产业发展方向。因此，我们用新兴产业生产总值占地区生产总值比重来反映各城市发展定位，进而积极引导城市发展方向。

第四产业成长程度指标是可以反映社会产业结构中第四产业发展快慢和发展程度高低的指标。其计算公式是：第四产业成长程度指标 ER=（ΔQ/Q）/（ΔY/Y），其中 ER 表示需求收入弹性，△ Q 和△ y 分别表示第四产业产值增长的变化和 GDP 增长的变化。

3. 产业创新

产业创新是对旧产业结构的创造性破坏，需要大量的财力支出。在此，我们用某地区的科技支出占地区财政支出比重来反映政府对产业发展中创新的支撑力度。

从全球发展来看，产业结构中的第四产业——创意产业已经成为衡量国家竞争力高低的重要标志。创意产业以其强大的创造性激发社会的活力，提升产业竞争力、创新能力和文化品位，进而成为社会发展的内在驱动力，更成为提升国家综合竞争力的重要战略产业。创意产业依靠创意要素在某区域的有效聚集，通过营造良好的社会、经济环境，推动和促进整个地区在新知识运用、新技术突破，并在产业化的基础上实现经济社会可持续发展，加速经济转型，转变社会发展模式，打造创意城市。究其本质，创意产业源自文化，依靠创意人才的智慧、灵感和想象力，深入到文化产业的资源整理与内容创作的基础层以及产品制作与传播的核心层，借助高科技对传统文化艺术资源进行再创造，开发并挖掘潜在财富和就业机会，进而获取有利发展空间。在此，我们用文化创意产值占地区生产总值比重来反映地区创意产业发展程度。

（二）产业衍生和替代度评估指标体系

产业衍生和替代度评估指标是衡量社会发展进程中产业发展某个特质的尺度，而单项指标作用毕竟有限，因此产业衍生和替代度评估体系应该是有效促进高质量发展进程中产业发展的条件集合，是由经济发展、社会进步以及生活质量等各项指标构成，各项指标既不是简单堆砌，也不应该是一组指标的独立出现，而是由若干相互联系、相互补充的指标有机结合的复杂系统。由于系统是由多个同一层次、不同作用和特征的子系统以及不同层次的复杂系统、作用程度不一的个体指标所构成的，因此层次性是系统的一个重要特征。产业衍生和替代度评估体系是按照系统科学层次分析方法分析而确定的，由具有层次结构的子系统组成，子系统的确定也就决定了指标体系的结构框架。

虽然产业衍生和替代度评估体系中可选用的指标很多，但是许多指标具有模糊和不易量化等特点，或者是取值困难等问题。因此，在对产业衍生和替代度评估体系进行层次结构分析，以及充分考虑指标代表性和数据可得性的基础上，我们研究综合运用理论分析法与频度统计法，根据系统性原理，选择体现系统层次结构特征的指标。其中，频度统计法是针对当前有关城乡一体化评价指标体系的报告、论文等研究成果进行频度统计，选择那些使用频度较高的指标；理论分析法是对产业衍生和替代度评估的作用及目的等进行分析、比较、综合，选择那些重要的且针对性较强的发展特征指标。在综合运用这两种方法的基础上，产业衍生和替代度评估体系主要从产业规模、产业结构、产业创新等几个方面来确定子系统，这些子系统共同构成了产业衍生和替代度评估体系的第二层次，而在子系统下设立的个体指标就是产业衍生和替代度评估体系的第三层次，具体见表 7-2。

表 7-2　产业衍生和替代度评估指标体系

一级指标	二级指标	三级指标
产业衍生和替代度	产业规模	地区生产总值
		运用外资金额
		财政收入
	产业结构	第三产业生产总值占地区生产总值比
		新兴产业生产总值占地区生产总值比
		第四产业增长度
	产业创新	科技支出占地区财政支出比
		文化创意产值占地区生产总值比
		创新成果（专利数 + 科技成果数 + 新产品数）

第四节　评估职业衍生替代，大力推动社会进化

纵观人类发展史，从农业社会到工业社会、再发展到知识社会，产业和职业始终处于变化的状态。人类还会一直进化下去，产业和职业也会一直处于持续的替代状态，这一时代所谓“朝阳”职业必将成为下一时代的“夕阳”职业甚至成为只存在于教科书中而在现实当中已不复存在的职业。当前，中国经济发展由高速增长转向高质量发展阶段，各行各业对技术技能人才的需求越来越紧迫，职业衍生替代度在中国高质量发展进程中的重要性也愈发凸显。[①]

一、厘清职业替代理论，把握职业衍生替代方向

职业衍生替代无论是在理论界还是学术界都是比较陌生的术语，对其进行研究和梳理将助益于就业、职业等直接相关领域的理论与实践。职业的衍生和替代是指，技术的不断进步，不断推动新产业的诞生，老职业的死亡，随着新产业的诞生，新的职业也会相应依附产生，替代性技能装备又能衍生

① 许正中.新型城镇化的主要着力点：基于城市化规律与测度——以黔中经济区为例[J].中国共产党贵州省委党校学报，2015（06）：45-49.

新职业。例如，农民工进城，为了培养他们的技能，又产生了职业培训、咨询等新兴服务业。

人的需求是推动包括职业衍生替代在内的人类社会发展的根本动力。从人类需求的发展来看，人类自诞生的那一天起需求就成为整个人类生存和发展最直接和最本原的动因。[①] 马斯洛的需求层次理论广为人知，他认为人类的需求大致包括五个层次。第一层次需求：生理需求。包括衣、食、住、行等方面的需求，是人类维持自身生存的最基本需求。第二层次需求：安全需求。包括对现在以及未来的安全需求，如对现在的就业安全、劳动安全以及对未来的病、老、伤、残、失业后的社会保障等。第三层次需求：社交的需求。第四层次需求：尊重的需求。包括自尊和受别人尊重的需求两方面。第五层次需求：自我实现的需求。人们希望在工作上有所成就，在事业上有所建树，实现自己的理想或抱负。马斯洛的需求层次理论更多运用于个体层面，即每个个体在人生当中的需求规律。实际上，这一理论对考察整个人类社会需求的发展也能起到借鉴作用，人类社会从原始社会到现代社会的发展过程，就是人类整体需求不断提升的过程。以现代社会为例，有学者经研究发现人类的需求发展与产业的发展相对应。当一个社会人均产值在300美元以下时，人们的需求主要集中在温饱问题上，产业结构中农业部门占用比重较大，在工业部门内部以纺织等生活必需品的产业为主。当人均产值达到300美元以上时，人们的需求重点转向了非必需品特别是耐用消费品，即处于“追求便利与技能”的阶段，工业开始成为主要经济部门，在工业部门内部以资本品和耐用消费品制造为中心的基础工业和重工业占比较大。当人均产值进一步提升进入高水平阶段时，物质需求已经被基本满足，产业结构迅速走向服务化[②]。人类社会就是在不断满足自身需要的过程中进步和发展的，社会发展伴随着产业结构调整升级，表征在居民生活中，就是职业衍生替代。

如果说人类需求是包括职业衍生替代在内的人类发展的根本动力，那么科技进步就成为包括职业衍生替代在内的人类发展的直接推动力。科技进步通过对产业发生影响进而对职业衍生替代发生作用，主要体现在以下几个方面。

① 段钢 . 传统劳动价值理论的人类需求分析 [J]. 云南社会科学，2000（6）.

② 周振华 . 现代经济增长中的结构效应 [M]. 上海：上海人民出版社，1991.

第一，职业衍生替代的速率加快，且职业总量显著增加。科技进步既可以通过经济增长引起产业的就业人数增加，即为技术进步对就业的正向贡献。科技进步使得职业种类和数目增多是无可争议的，因为科技进步对社会分工影响的总体效益是社会分工更加细化，每一个产业所形成的产业链更长，这些都将促进职业种类和数目的增加。

第二，科技进步使职业劳动者的工具、技能等得到不断提升，职业的质量不断提高。科技进步最直接明显的特征就是使职业劳动者的工具、技能、知识等得到提升，这直接提高了职业的生产效率，使职业获得的回报更高。

第三，科技进步使得职业种类和数目在传统划分的三大产业中的比重发生变化。科技进步无疑对三大产业都会带来变化，第一产业从传统的农业变为现代农业，第二产业从传统的制造业变为高端制造业，第三产业从传统的服务业变为知识型、个性化的服务业。科技进步对三大产业各自职业种类和数目的影响并不是并驾齐驱的，由于农业的属性决定了其在科技进步过程中的社会分工细化程度不及工业和服务业，科技进步导致农业职业种类和数目的增加不及工业和服务业。第二产业以生产工业产品为主，满足的一般是群体共同的需求，随着经济社会的不断发展，第三产业有越来越个性化、定制化的趋势，所以科技进步所带来的第三产业职业种类和数目的增加又胜于第二产业。这种趋势与三大产业在整个经济社会所占比重的变化趋势也大体相同。

二、关注社会动态发展，满足居民实践需求

在当代社会，职业身份的分类是一种最基本的社会性区分，从事不同职业的人，在收入、声望、教育、权力等方面都存在着差异，因为职业的分类与社会分化紧密相关。马克思主义哲学认为，实践是人的生存基础，是人的意识活动的基础，是人的社会关系的基础。如果不将实践纳入高质量发展的主要维度，必将导致以人为本的高质量发展的衡量缺乏扎实的根基。居民实践的基本手段无疑是职业。社会发展是一个动态的、无限的、发展的过程，考察职业不能从静态着手，而应关注其动态的变化过程即职业衍生替代。

随着社会的发展，人的发展越来越决定于人类实践的发展和职业衍生替

代。可以说一个社会进化的水平在很大程度上决定和表征于职业衍生替代。决定职业衍生替代的根本因素是社会的分工，职业衍生替代的速度、程度反映着社会分工的水平。总体看来，伴随着社会分工的发展，职业衍生替代在加速；职业衍生替代在行业间的变化趋势是职业从第一产业流向第二产业，然后又从第一、第二产业流向第三产业；职业的范围不断缩小；知识型、技术性职业成为人们推崇的职业。

三、确立指标设计原则，建立客观评价体系

（一）职业衍生替代度指标选取说明

人类社会的不断发展虽然会不断衍生新的职业，但是职业衍生替代不完全是一个自然的演进过程，需要加以促进和引导。社会发展水平在一定程度上决定于职业的发展水平，即职业衍生替代的速度和方向。以产生专门的农业和畜牧业为标志的第一次基础社会分工、以产生了手工业为标志的第二次基础社会分工、以商业的出现为标志的第三次基础社会分工，逐步构建了社会分工的复杂体系，职业种类也越来越多。经过三次大的社会分工，虽然职业出现并不断发展，但真正对职业发展起重大推动作用、使其加速发展的因素还是资本主义出现后的三次产业革命。三次基础社会分工以及三次产业革命都是科技进步直接推动的结果。科技进步是包括职业衍生替代在内的人类发展的直接推动力。科技进步引致：职业衍生替代的速率加快，职业总量显著增加；职业劳动者的工具、技能等得到不断提升，职业的质量不断提高；职业种类和数目在传统三大产业中的比重发生变化。

在充分分析了人类需求作为职业衍生替代的根本动力对职业衍生替代的影响，科技作为职业衍生替代的直接推动力对职业衍生替代的影响以及教育对职业衍生替代的促进、引领作用的基础上，本书构建了包含三个维度共九个指标的职业衍生替代评估指标体系。职业的衍生和替代在不同的行业中的速度与方向不尽相同，可据此将职业的衍生和替代评估指标划分为新兴产业带来的职业替代、传统产业转型过程中的职业替代、新技术装备传统产业带来的职业替代三个维度。

1. 新兴产业带来的职业替代

在第三次技术革命时期，科技创新呈现喷井式增长，新兴产业与新的职业应运而生，职业教育产业也逐渐登舞台。职业教育能够促进产业匹配，对新兴产业劳动力市场来说意义重大。因此，首先选用“新兴产业职业教育参与率”这一指标来衡量新兴产业中职业替代的速度。同时，选用“年新兴产业中新职业就业人口 / 劳动总数”这一比率，表示新兴产业新职业就业人口的数目，以此衡量职业替代的方向与速度。

同时新兴产业中新的职业的质量也值得考量。选取新兴产业职工收入总和 /CPI 这一比率，通过该指标，可以观察新兴产业提供的新就业岗位是否提高了居民的收入。

2. 新技术装备传统产业带来的职业替代

新技术装备传统产业带来职业替代，如传统的农业部门中随着机械技术的不断进步，在发达国家中早已实现了全自动化，从播种到灌溉到收割，整个种植过程都是通过机械完成的，同时农村人口也从下地的农民逐步变化为运转机械的“现代化农民”。在实现转型过程中，旧的职业逐步被淘汰，新的职业涌现。直接选用“年传统产业中旧职业淘汰数比重”和“年传统产业中新职业出现数比重”这两个指标对此进行考量，并选择“传统产业职工收入总和 /CPI”这一比率衡量新技术装备传统产业带来的职业替代的质量。

3. 传统产业转型过程中的职业替代

在传统产业转型过程中，一部分工业时代的就业人口被训练成企业的一颗“螺丝钉”，由于不能适应迅速变换的职业内容或者新职业要求而被逐步淘汰。这是传统产业转型过程中职业衍生和替代的一个重要内容，本书采用“传统产业中转型企业的辞职与裁员率”对此进行衡量。同时，在转型过程中，职业教育的作用毋庸置疑，本书选用了“传统行业职业教育参与率”这一指标。最后，选择“新技术替代的职业数 / 传统行业职业总数”这一比率衡量传统产业转型过程中的职业衍生替代的速度。

（二）职业衍生替代度评估指标体系

本书构建职业衍生替代度评估指标体系如表 7-3 所示。

表 7-3　职业衍生替代度评估指标体系

新兴产业带来的职业替代	新兴产业职业教育参与率
	新兴产业职工收入总和 /CPI
	年新兴产业中新职业就业人口 / 劳动总数
新技术装备传统产业带来的职业替代（0.35）	年传统产业中旧职业淘汰数比重
	年传统产业中新职业出现数比重
	传统产业职工收入总和 /CPI
传统产业转型过程中的职业替代	传统产业中转型企业的辞职与裁员率
	传统行业职业教育参与率
	新技术替代的职业数 / 传统行业职业总数

第五节　考察社会开放融合，促进社会跨越发展

社会开放是社会发展的重要推动力，也是衡量社会高质量发展程度的重要标志。一个地区不仅要保持适当的开放性，把社会发展所需要的各种资源和要素引进来，并且还要通过融合，把资源和要素真正留住，为区域发展所用。 在一切资源和要素中，人作为生产和经济活动的第一要素，是最为重要的。其他资源和生产要素都随着人的流动而流动。只有把人真正融合，使流动的人对国家或者一座城市产生归属感，才能使包括人在内的各种资源要素对社会发展和进化发挥作用。随着社会开放与融合，各国国际化程度逐渐提高，各类社会问题相互交织相互关联，如何建设弹性社会以解决社会开放与融合下新型社会问题成为关键。

一、理解社会开放融合，建树共建共享社会

社会需要融合，社会融合的前提是社会开放。社会开放为资本、技术，特别是人力资源等生产要素的流动、引进及聚集提供了条件。当然，除了引进各种要素，如果不能实现社会融合，就不能真正将资源留为己用，对社会发展和进化发挥作用。在一切资源和要素中，人作为生产和经济活动的第一要素，是最为重要的。因此，社会融合主要解决的问题是，实现流动人口的社会融合，这就是实现社会开放融合。

（一）关注社会开放水平，凝聚社会增长动力

信息不断开放、人员往来加速、文化深度交融构成推动社会不断走向开放的三大动力。

1. 推动信息开放进程，创新社会治理模式

著名社会科学家卡尔·波普尔认为，开放社会就是“每个人都面临个人决定的社会”。开放数据（Open Data）指的是不受著作权、专利权以及其他任何限制，并开放给社会公众自由查询和使用的数据。

先发国家在引领政府信息开放、推动数据开放方面走在了世界的前面。致力于开放数据运动的开放知识基金会发布的 2013 年开放政府数据普查结果显示，英国作为开放数据运动中的领头羊，在其政府公开数据网站上已经收录了 10470 个数据集，而最近又开放了所有未公开数据的目录。美国政府建立了类似的数据开放平台，目前已经收录了 91054 个数据集。

2. 促进流动人口融合，实现社会和谐发展

社会适应（或行为适应）和文化交融这两个层面的融合是城市生活的进一步要求，反映的是融入城市生活的广度和深度，主要是指流动人口是否适应并接纳流入地的风俗习惯、文化理念，按照流入地习俗行事，并能平等地与当地市民沟通往来，甚至成为朋友等。心理（或身份）认同属于精神层面，反映的是参与城市生活的深度，是社会融合的最高形式。只有实现心理上的交融和身份上的认同，流动人口才算是真正地融入了城市社会。

社会融合主要有三条路径：一是通过资源再分配，增强社会平等性；二是通过道德激励，支持自我整合融入社会；三是通过创业带动就业，以经济整合方式实现社会融合。在社会融合进程中，参与权利是实现社会有效融合的基础。以赋权为核心的参与，其本质在于积极有序地改变边缘人群的制度性社会排斥，疏通全体社会成员参与决策过程，进入社会网络，让每个社会成员意识到实现潜能的条件、享受到社会服务的实惠。

3. 明确文化交融内涵，激发人类创造活力

接受文化多样性，激发新文化基因。不论未来社会的结构与形态如何变化，在社会文化的组成中，必然既有传统文化，又有创新文化；既有本土文化，又有外来文化。

理解文化的包容性，批判继承地区文化。包容性是判定一个地区开放程度的重要标准。地区发展、创新、创造离不开文化的支撑，文化已成为推进国家创新发展的内在驱动因素。在包容性强的国家，外来人口带来的异地文化与本地文化、乡村文化与城市文化、历史文化与现代文化共存发展，外来人口不仅可获得经济物质条件的满足感，还能迅速融入当地文化，融入当地生活圈子，安居立业，获得深层次满足感。因此要提高文化包容性，依托开放包容的国家文化，推动中国社会的建设。

（二）立足包容内涵发展，推动社会全面融合

立足包容内涵推动社会融合发展，要降低公共服务的门槛，提高流动人口社会融合的能力。把流动人口统一纳入当地社会管理和服务之中，增强管理和服务的效果。中国正处于社会全面融合重要关口，加快推进社会融合能够全面推动中国跨越发展。新时期，个体成为社会的主角，个人作为独立行为主体，直接面向广阔社会，导致个体的极大解放和严重分化，直接冲击本已渐趋分化的社会。社会碎片化是未来社会面临的严重问题。实现社会融合的关键在于构建覆盖广泛的以互动为导向的社会性网络，在个体碎片化的社会进程中构建共享的公共服务、社会网络和发展机会，巩固社会公众认可的价值和基本规范，实现从身份认同向能力认同转变，促进社会融合。

在加快推进社会融合中，以市场为主导的社会性服务业大有作为。政府有责任推动社会融合，不可能也没有必要直接提供服务，这就为以市场为主导的社会性服务业提供了广阔舞台。政府应主要做好行业规划、人才培养、标准制定、监管惩戒等基础性工作，通过从社会购买竞争性强、质量可靠的相关服务，加快推进社会融合。

（三）努力构建弹性社会，实现社会转危为机

创造抗危机、有复原力的社会的最重要因素之一是社会中每个家庭都做好预防危机的准备。弹性社会的概念在未来几十年中将成为国际预防和应用前瞻性讨论的重点。弹性社会的概念必须包含更多因素才足以应对当代变化的复杂性。鉴于危机成倍增加，全球伙伴必须团结起来，尽快培养一种具有复原力的弹性社会。

在全球化时代，当今社会面临着各种挑战。我们越来越需要应对相互关联的不确定性。虽然“脆弱性”（指即将遭受伤害，以及无法应对或承受有害环境的影响）旨在提高对潜在风险的认识，并推动制定更具可持续性和包容性的政策。但是这一概念既没有基于预防和保护的积极包容的因素，也没有包含激励灵活性的和一体化的社会目标，以应对各种不确定因素并抵御各种危机。我们需要一种积极、尽可能总体的战略来实现转危为机，甚至用暂时的失败来实现长期的赋能。

鉴于在全球化的过程中各国日益扩大的相互联系，我们需要更好地发展弹性社会。弹性通常被翻译为“抵抗力”或者“未来生存能力”，是指一个系统自身管理危机，甚至利用危机来自我发展和自我改善的能力。

二、构建评价指标体系，促进社会融合发展

社会开放与融合评价指标体系主要包括社会开放性、流动性和融合度三个方面。每个方面又包含不同的具体指标，有助于在高质量发展进程中客观地评价社会开放与融合程度。

（一）社会融合度指标选取说明

社会的开放和融合是社会发展的核心引擎和主推动力。要促进社会的正向演进和可持续发展，我们就必须积极促进社会的开放与融合。这就要求我们对社会开放与融合有客观了解。我们只有客观了解高质量发展进程中的社会开放与融合中存在的不足，才能有目的地改进政策设计。这就必须要有科学而合理的社会流动和融合评价指标体系。

建立社会开放和融合评价指标体系，对城市的流动与融合程度进行科学的度量，对客观评价高质量发展水平，促进社会进化和可持续发展就具有重要意义。信息开放、信息开放度、国际化程度、文化交融度是促进社会开放的三大动力轴，故将三个维度纳入社会开放与融合的评估体系中。同时，社会开放促进了要素流动，主要包括人的流动与资源的流动。资源的流动性表现为一个社会的市场化水平。一个社会的市场化流动水平越高，资源的流动性就越强。社会融合则与社会公共服务水平直接相关，公共服务水平越高，

就越容易实现外来人口的融合，进而有利于吸引优秀人才，实现高质量发展。

社会开放和融合评价指标体系主要包括开放性、流动性、市场化程度和社会公共服务等方面。本指标体系从流动性、市场化程度和社会融合与公共服务四个方面，设立四个二级指标，每个方面的二级指标都包括若干分项指标。

1. 社会开放性评价指标

（1）信息开放。对一个国家信息开放度的评估主要从人均信息消费支出、政府信息公开度、信息获取便利度等三个维度展开。

在信息发达的今天，信息的获取仍然需要支付一定的成本。信息消费是一种直接或间接以信息产品和信息服务为消费对象的经济活动。这里以人均信息消费支出来衡量信息获取成本。主要是衡量国家居民从邮政、电信渠道获取信息所要支付的费用。人均信息消费越高，一个社会中的信息量就越大。

作为社会信息和数据的最大保有者，政府所持有的信息应体现共享性，而信息共享的首要层面是信息公开。政府信息公开程度是衡量和评估一个开放社会信息开放的最佳指标。

在现代社会，居民可以从不同渠道获取信息资源。信息获取便利度旨在从居民的角度来衡量从包括电话、互联网等在内的不同渠道获取信息资源的便捷程度。如果一个社会的信息获取渠道丰富且覆盖面广，所有居民均可平等享有获取信息的权利和渠道，无疑是开放社会中信息开放的重要体现。

（2）国际化程度。对国际化程度的评估主要从每万人常住人口中外籍人口比重、外籍旅客入境人数占常住人口比例、外资企业数量、国际组织数量等四个维度展开。

人才的国际化程度是衡量一国国际化发展程度的首要基本指标。一个国家或者城市经济发展水平越高，聚集的高端人才特别是国际人才也就越多，产业的聚集和文化辐射能力就越强。外籍常住人口数量反映了一座城市的综合开放水平，它不仅是城市参与国际竞争程度的表现，也是社会开放包容的重要衡量标准，还考验着一座城市服务外籍居民的公共服务水平和基础设施的完善程度。

旅游作为现代人口流动的一种重要形式，不仅反映着一个地区的文化吸引力和向心力，也在一定程度上考验着一个地区的社会开放程度。造访一个国家或城市的外籍旅客人数一方面反映该地区参与国际经济贸易分工的程度，另一方面也反映该地区的文化吸引力以及外界的向往度。

国际化城市首先是国际性经济、社会、文化活动的组织中心和决策中心，是国际性生产要素和资源的集散中心，也是国家或地区经济与世界经济连接的桥梁和纽带，更是国际性创新基地。企业特别是跨国企业是推动经济全球化的主要力量，国际组织是维系国际秩序、参与全球治理的重要渠道。

（3）文化交融。作为多元文化的融合剂，留学生数量成为一个地区文化多元性的重要考量标准。留学这种沟通使得留学生成为集传播者与受传者于一身的跨文化交流载体，在一个地区的多元文化塑成过程中扮演着十分重要的角色。对一个留学生人数庞大的地区，不仅意味着区域强大的文化吸引力和辐射能力，还意味着其所拥有的开放包容的文化氛围。

根据社会学理论，通婚是人类文明交流中最重要的显性方式。20 年前，大部分中国人的“另一半”来自邻近的村子、同一个城市。随着社会流动和文化交流的加速，“婚姻半径”的扩大也需要一个城市一个国家以更加开放的文化来包容由此带来的多元文化并存共生。

2. 社会流动性评价指标

人口流动是社会发展的重要动力。其中，流动人口的数量、年龄结构和综合素质是流动人口影响社会发展的重要方面。本指标体系由人口流动性、流动人口年龄结构和受教育程度等三个方面的指标构成。

（1）人口流动性。本书使用流动人口数量占总人口的比重这个指标来衡量一座城市的人口流动性。

人口大规模流动迁移是中国城镇化快速发展阶段最显著的人口现象，已经成为推动社会结构变动、利益格局调整、社会组织体系变化的重要因素。

（2）流动人口年龄结构。本书使用流动人口平均年龄指标来衡量流动人口年龄结构。人口年龄结构对一个社会的经济和社会发展具有重要的作用。保持合理的人口结构是一个社会保持活力的必要条件。中国东南沿海地区在过去 30 多年经济能够取得迅速发展，正是由于发挥人口红利的结果。随着中国经济的发展和人口结构的变化，中国各地区正面临着人口劳动成本日益增加的压力。各个地区都不同程度面临招工难的问题。流动人口年龄结构是影响社会发展的重要因素。

（3）流动人口受教育程度。本书采用流动人口平均受教育年限指标来衡量流动人口受教育程度。

教育是提升人口素质的根本途径。中国人口数量居世界第一位，通过教育提升人口的基本素质，是有效开发和利用中国人力资源优势的根本途径。随着中国人口结构的变化，提高劳动者素质，提高经济效益，推动中国经济结构转型，是实现高质量发展的必由之路。

3. 社会融合度评价指标

社会融合是以和谐为目的的个体或群体与社会环境的交互过程。社会融合包括心理融合和社会文化生活融合。本书从一个地区的社会保障融合、教育融合、制度融合和国际包容等方面测量社会融合状况，建立社会融合指标体系。

（1）社会保障融合度。本书采用常住人口参加养老、医疗等社会保险参保率指标来度量一个地区的社会保障度。

通过社会保障，保障社会人口在年老、失业、患病、工伤、生育时的基本收入和基本医疗不受影响，保障无收入、低收入以及遭受各种意外灾害的人民群众有生活来源，满足他们的基本生存需求。完善的社会保障制度有利于提高人口自身素质，促进人口的有序流动和融合，使居民在生活中产生对所在城市的安全感和归属感，促进社会人口的社会融合。本书主要从社会养老和医疗两个方面度量社会保障度。因此，本书使用地区常住人口参加医疗保险和养老保险人口 / 人口总数这一相对指标。

（2）教育融合度。采用常住人口子女入学率指标来度量教育融合度。教育是人类实现自我发展的核心推动力。在流动人口的社会融合中，教育融合是一个很重要的方面。

（3）制度融合度。采用常住人口户籍入籍率指标来度量制度融合度。由于户籍对流动人口融入所在城市的重要性，常住人口具备居住所在城市的户籍，就成为流动人口实现与所在地区融合的重要标志。

4. **市场化程度评价指标**

市场化程度决定了一个社会经济发展的水平，对社会的发展具有决定性作用。

（1）物流发展程度。货运量是指运输部门在一定时期内运送货物的数量。货运量是物资流动的集中体现。考虑到货运量与经济规模存在相关关系，各个地区的经济规模存在差异，因此选用货运量与 GDP 的比例这一相对指标。

（2）技术产权交易。使用技术产权交易额指标来衡量社会的技术产权交易状况。技术产权是指科技成果相关知识产权、科技企业产权和以科技成果投资、风险投资等形成的产权。通过技术产权交易，实现技术等信息的有序流动，构建起技术与资本的桥梁，促进科技成果的产业化进程，推动社会经济的发展。

（3）外商直接投资。使用外商投资额 / 社会投资总额指标来衡量资本流动性。资本流动对社会的经济增长、技术进步、弥补储蓄投资缺口等都发挥了重要作用，同时资本作为一般等价物在市场交易和要素配置过程中不可或缺。资本的流动性对社会发展具有重要的意义。资本流动性好的社会必然是充满了活力的。

中国是一个对资本进行管制的国家。改革开放以来，资本流入主要通过外商直接投资（FDI），很多资本交易受到限制。虽然中国资本项目正在逐渐放开，但目前仍然实行资本管制制度。考虑到外商直接投资完全依据市场化因素进行，不易被其他因素所干扰。因此，主要考虑外商直接投资（FDI）这一指标。

考虑到不同区域的经济体量和社会投资总额的差异，本书使用外商直接投资 / 社会固定资产投资总额这一相对指标。

（二）社会融合度评估指标体系

社会流动和融合评价指标体系设计如表 7-4 所示。

表 7-4　社会流动和融合评价指标体系

一级指标	二级指标	三级指标
社会开放与融合指标体系	社会开放性	人均信息消费支出
		政府信息公开度
		信息获取便利度
		每万人常住人口中外籍人口比重
		外籍旅客入境人数占常住人口比例
		外资企业数量（规模以上工业企业数中港澳台及外商投资企业数量）
		国际组织数量
		每万人外国及中国港澳台留学生数量
		每万人涉外及中国港澳台居民登记结婚的比例
		每万人麦当劳和肯德基营业门店数
	社会流动性	人口流动性（流动人口数量占地区总人口的比重）
		流动人口年龄结构（流动人口平均年龄）
		流动人口受教育程度（平均受教育年限）
	社会融合度	常住人口参加养老、医疗等社会保险参保率
		常住人口子女入学率
		常住人口入籍率
	市场化程度	物流发展程度（货运量 /GDP）
		技术产权交易（技术产权交易额）
		外商投资（外商直接投资占固定资产投资总额的比重）

第六节　评价环境宜居程度，以人为本健康发展

环境的建设是社会经济发展的基础保障，是衡量高质量发展的重要指标。环境建设不仅包括生态环境，也包括社会环境以及生态循环经济环境，最终建设成宜居的“五创”社会，即适宜创富、创新、创意、创造及创业的社会环境。本节内容将就环境建设以及建设“五创”社会的意义加以分析，并构建环境宜居度评价指标体系。

一、分析环境宜居度内涵，明确社会发展方向

环境宜居度的思想渊源，最早可以追溯到古希腊。柏拉图撰写的《理想国》描述了一个理想城市的状态，反映了古希腊人对城市美好生活的向往与追求，也是西方文明中对环境宜居最早的探索。从此，城市的建设者和规划者们开始了对环境宜居建设理论与实践的探索。人类从来没有停止过对理想生活与住所的积极探索与追求。

环境宜居是人类的追求，是社会经济发展的基础保障。提升环境宜居度需要考虑三个方面：第一，要拥有一个完备的社会环境。首先要有面向投资者的生产性基础设施，包括交通枢纽和产业园区等；面向居民的生活性基础设施，包括公园、剧院、书店、体育场馆、音乐厅等；面向旅游者的观光性基础设施，包括各类旅游景点设施。其次要有良好的社会治理。第二，应创造一个生态循环经济环境，以持续增加社会的活力。第三，要创造一个良好的自然生态环境，安全的步行空间、新鲜的空气、干净的水是必不可少的。最终，不仅要在社会中营造创富、创新、创意、创造的氛围，更为重要的是要拉动创业的风潮，构建良性发展的宜居环境。

（一）把握社会环境内涵，稳定社会发展根基

社会环境包括两个方面：一是基础设施的建设；二是社会善治的程度。中国从农业社会向工业社会、知识社会转型过程中，同时面临着社会的多元复合转型，需要重构现代社会秩序，形成经济、社会、政治、文化等方面的良性互动。城市发展推动形成新型社会秩序，稳定社会发展根基，加快社会成熟。同时，良好的基础设施与制度可以激发人们的创造力，形成“大众创业，万众创新”的发展势态。

（二）理解生态循环经济，实现可持续发展

生态循环经济是这样一种经济模式：在自然资源、科学技术和人的大环境下，将以往的以消耗资源带动经济增长的模式转化成循环发展生态型资源的经济模式。循环经济将废弃物利用和清洁生产结合在一起，从根本上说，它属于生态经济，往往会利用生态学知识指引经济发展。与循环经济相对应

的就是线性经济。典型的线性经济是传统工业经济。传统工业经济是一种以高消耗、高排放、低效率为特点的开放式线性经济，由“资源投入—产品生产—废物排放”的工业流程构成。能源和物质大量被人们提取出来用以生产和消费，废弃物及污染又大量地被排放到环境之中，过度透支生态系统的承受底线来发展社会经济是线性经济的模式的特征。随着线性经济模式不利效益的逐渐累积，一些全球性的环境危机也正逐步显现出来，如温室效应、环境退化、人口膨胀等。

持续繁荣的经济环境来自绿色循环经济的大力推广。要不使地球因为资源枯竭而灭亡，就必须放弃传统的线性经济增长模式，实现经济的循环发展，逐步减少对自然环境的危害。

（三）改善自然生态环境，打造绿色生活空间

20 世纪以来，由于科技技术的快速发展，社会生产力得到了极大提高，人类社会创造和积累了前所未有的物质财富。然而，在生产力高度发达、社会产品日益丰富、城市规模不断扩大、物质文明以惊人的速度积累的同时，自然环境也在发生剧烈变化：一方面，一些自然环境出现持续恶化；另一方面，环境承载力面临着巨大的挑战，难以继续支持人类所期望的高速经济增长，也严重阻碍了经济社会和人们生活水平的提高。

世界上众多经济发达国家都经历了逐步改善自然生态环境的过程，目前，已经有一部分发达国家取得了相对满意的环境宜居度。另一部分发展中国家，尤其是那些处于快速发展期的国家，正处于环境恶化的阶段，如何在确保相对满意的环境宜居水平的前提下，能够促进经济又好又快、稳健、高效的发展，是其亟待解决的问题。

二、科学遴选评价指标，建立评价指标体系

环境宜居程度指标体系主要包括经济环境、自然环境与社会环境三个方面。每个方面又包含不同的具体指标，有助于在高质量发展进程中客观地评价环境宜居程度。

（一）环境宜居度指标选取说明

环境宜居度的内涵包括三个方面：一个良好的自然生态环境；一个持续繁荣的经济环境；一个完备的社会环境。我们在评价一个社会的环境宜居度时，可以从以上三个方面来评价。需要注意的是，不同类型的区域，在不同方面的评价权重是不同的，如划分为优先开发区域、限制开发区域、禁止开发区域和重点开发区域，其中的优先开发区域对经济环境的要求较高，而限制开发区域则对自然环境的要求较高。在评价过程中，要结合不同区域的不同情况，评价权重会有差异。

在打造一个较高环境宜居度的地区时，我们要注意：第一，应实现人、自然、经济、社会的综合动态平衡。第二，社会宜居环境是在自然环境的基础上，包含经济、自然、社会等综合环境系统。第三，既传承先人所遗留的丰富成果，又要考虑这些资源的持续利用，应坚持可持续发展的理念。第四，打造较高环境宜居度的社会，意味着构建适宜人们居住、生活、工作的社会环境，可以协调兼顾不同群体的利益和需求，通过投资建设和调整资源配置，使之能够满足各种群体的不同需求，使社会更加和谐。第五，应建立以人为本的、充满人情味的社会，让不同群体的人都有一种归属感，使人们有一种主人翁的意识。

1. 社会环境

提升社会环境，完善基础设施是基础。只有进一步完善基础设施，才能提升社会品位、优化社会环境、改善社会面貌，社会的集聚辐射能力才能从根本上得到增强。要使社会基础功能得到提升，各项城建设施得到完备，就要确保城市健康运转。同时，通过社会治理，政府可明确公众参与政策制定的身份和角色，增加公众参与社会治理的稳定性与安全感，提高环境宜居程度。

（1）关注居民住房现状

住房自古以来就是人们生活的基础，它能给人以安定感、归属感。随着经济、社会的发展，人口膨胀、人口增长的速度远远超过住房供应的速度，住房问题成为一个国际性的难题。中国人的消费习惯是自古而来形成的，受传统儒家文化的影响最深。儒家文化认为“家”是社会的核心单位。在“家”

的根深蒂固的思想里，住房又是必需品，它是家庭的物质载体，也是家庭构成中的硬件设备，住房的需求是基本的需求。社会是否宜居首先是人们应有住房，只有保障人们的基本住房需求，才能使人们更加安定地生活。采用总居住面积比这个指标反映社会住房情况（总居住面积比 = 总居住面积 / 居民数量）。

这一指标反映了人均居住面积，可以体现一个社会的基本住房情况。考虑指标的重要程度和数据的采集性，最终选取了总居住面积比这一指标。

（2）评价基础设施

基础设施不仅包括狭义上的通讯、公路、水电煤、机场、铁路等基础性建设，还包括社会性基础设施——文化、医疗卫生、教育、体育、科技等社会事业。它不仅能够提供满足人们日常生活需求的一般物质条件，而且可以提供公共服务的工程设施。完善基础设施最终的目标是保证公共服务系统能够正常运行，保证社会经济活动的顺利进行。

①基础建设

考核社会与住房相关的基础建设方面的指标有：区域电力电缆铺设率、公共供水覆盖率、区域排水设施建设、区域通信管网普及率、区域燃气普及率、区域电力电缆铺设率、区域供热网、区域排水设施建设、互联网覆盖率。我们选取互联网覆盖率这一指标，通常一个地区拥有较高的互联网覆盖率，就意味着这个区域已经在电力电缆铺设、通信管网普及上建设得比较完备了，而在这样的地区，在供水、燃气等方面的基础建设也不会薄弱。此外，互联网是居民在未来社会生活、工作的必备媒介。综合考虑以上因素，我们选取互联网覆盖率这个指标作为考核基础建设的指标。

考核交通的指标有：人均道路面积、公共交通出行分担率、万人拥有公共汽车营运车辆等指标。要完善交通运输网络，就要优化路网运行效率，促进经济稳健发展；提升交通网络性能，有效减少出行时间；推行多种交通方式，提倡绿色出行方式；深入实现交通便利，破解“最后一公里”难题。最终缩短时间、空间、距离，在给人们带来方便的同时，解决困扰，节省出更多的时间，去做更多有意义的事，为社会和人民创造更大的价值。我们强调紧凑型社会的发展，防止无效能蔓延，致力于建立一个通达性好，联系密切的城市，这就需要首先完善公共交通系统。因此，我们选取了公共交通出行分担率这一指标。

②社会性基础设施

一个社会不仅要打造完备的基础建设，还要积极建设社会性基础设施，在医疗、文化、教育方面实现社会的全面配套发展，满足居民的全方面需求。为了评价社会性基础设施，我们选取了如下指标：人均医院病床数、图书馆藏书 / 万人、幼儿园及中小学学校教师每人负担学生数合理化。因为幼儿园教师每人负担学生数的相关数据采集不到，所以，“幼儿园及中小学学校教师每人负担学生数合理化”这个指标，我们主要计算中小学学校教师每人负担学生数。

其中，小学学校教师每人负担学生数合理化 = 100%+（教育部标准 - 小学学校教师每人负担学生数）/ 教育部标准。

中学学校教师每人负担学生数合理化 = 100%+（教育部标准 - 中学学校教师每人负担学生数）/ 教育部标准。

中小学学校教师每人负担学生数合理化 =（小学学校教师每人负担学生数合理化 + 中学学校教师每人负担学生数合理化）/ 2。

这三个指标分别反映了社会医疗、文化、教育方面的提供能力与建设情况，与基础建设指标一起，反映了居民对社会生活舒适、交通便利、教育可获得的全面社会需求。

（3）评价社会治理中公民的参与度与安全感

听证会中公民对决策权的权重：是指政府召开的听证会中，公民在政府决策中的权重。政府提供公共服务的目的就是满足社会需求，公民在听证会决策的权重越大，越有利于提升政府决策质量，提高政府执行力。

政府部门按规则办事人员比例：一个地区的投资环境决定了城市发展的内涵。城市发展不是空心化的发展，而是需要内涵式的发展，需要工业支撑的发展。工业支撑需要政府提供有利的环境。通过调查问卷搜集投资环境满意度。

参加失业保险人数 / 居民数量：对社会底层人员给予制度保障是政府普遍服务全覆盖、可获得、可持续、公正性的表现。采用参加失业保险人数 / 居民数量这个指标表示政府基本公共服务供给程度，支撑城市有序发展。

城市外来人口公平程度：城市只有包容、公正，才能促进城市的生长。外来人口只有在城市中享有市民同等待遇，才能更好地为城市发展做出积极贡献。城市外来人口公平程度主要由问卷调查获取数据，为城市改善公正性提供决策依据。

2. 经济环境

这里的经济环境不仅指经济的可持续发展，还强调要发展紧凑型城市，实现土地的集约、单位土地的较高产值。

（1）经济的可持续发展

一个社会是否可以稳健发展，在基础设施等方面能否进行持续投入，一个重要的要素是是否具有良好的经济基础。没有良好的经济基础，就谈不上投入，更谈不上良好的居住环境。在经济发展过程中，很多国家经历了粗放式发展阶段，经济发展是以能源的浪费和环境的破坏为代价的。必须放弃传统的线性经济增长模式，实现经济的循环发展，将对自然环境的危害逐渐减少，实现经济效益和环境优化相结合。要实现可持续发展，就要建立循环经济、低碳经济。

通常，我们评价低碳与循环经济可采用的指标有：单位 GDP 碳排放强度、单位 GDP 用电量、单位 GDP 生产用水重复利用率、可再生能源使用率、清洁能源利用率、工业余能利用率、垃圾再生利用率等。选取单位 GDP 能耗集约度这一指标来衡量经济的低碳发展和可持续发展。单位 GDP 能耗集约度 = [评价区域中最高单位 GDP 能耗（吨标煤 / 万元） - 特定评价区域 GDP 能耗（吨标煤 / 万元）]/ 评价区域中最高单位 GDP 能耗（吨标煤 / 万元）。

（2）基于紧凑型社会经济发展评价

城市是人类的聚居地，是区域发展的核心，是一个国家和地区的政治、经济、文化的中心。贯彻尊重自然生态、紧凑社区、就近就业、较低的开发成本和环境成本、混合土地使用等原则。这种发展理念，不是简单的集中，而是分散化的集中，在建设的过程中，应避免盲目性，结合实际情况，建立适合区域的道路网络格局。选取人口密集度和单位土地 GDP 产值作为研究社会紧凑度的指标。

人口密集度 = 人口数量 / 土地面积

单位土地 GDP 产值 =GDP 产值 / 土地面积

一个社会的经济发展，通常离不开人的聚集，人的聚集与分散会带来人的流动，这是社会系统的重要促成要素之一。人流可以促进社会系统中其他重要因素的发展，如物流、信息流，这些要素的充分整合将带来经济的健康发展。通过人口密集度和单位土地 GDP 产值两个指标，可以测评一个社会经济发展的紧凑程度。一个地区应尽量朝人口密集、土地集约、经济产值较高的方向发展。当然，我们不能仅通过这两个指标计算数值高，就认定该地区属于紧凑发展模式，可以将环境宜居度指标体系中的住宅、交通等指标与这两个指标相结合，综合考量一个地区是否实现了“集中、集约、集聚”的发展要求。

3. 自然环境与人口质量

在生产力高度发达、城市规模不断扩大、技术发展日新月异、产品丰富多彩、质量不断提高、物质文明以惊人的速度积累的同时，自然环境发生了剧烈的变化。一方面，一些自然环境出现持续恶化，全球气候变暖，自然灾害事件频发；另一方面，资源能源约束和生态环境压力不断增加，有限的资源、能源与不断增加的需求相矛盾，巨大的负荷不仅使得环境难以满足人们日益膨胀的需求，也严重阻碍了经济社会和人们生活水平的提高。

考虑到所有环境质量中空气和水，不仅与人息息相关，而且无法缺少，所以我们选取了如下两个指标：良以上天数占全年天数百分比和集中式饮用水水源地水质达标率。此外，由于环境恶化，还会导致该地区居民肿瘤疾病的大比例爆发。如果某地区居民出现高比例的肿瘤疾病患者，就可以反映出该地区已经被发现或尚未被发现某些环境问题。对已经发现的环境问题，我们可以尽力去解决。对那些未发现环境问题的区域，如果肿瘤发病率较高，则更要引起高度重视，因为很可能是由于某些重要的环境问题导致了疾病发生。因此，我们选取肿瘤发病率作为评价环境的一个重要指标。

（二）环境宜居度评估指标体系

针对上述三方面，构建社会宜居度评价指标体系；针对不同特点地区设置不同权重，科学评价不同类型城市的宜居程度。

表 7–5 优先开发区域环境宜居度评估指标体系

一级指标	二级指标（权重）	三级指标（权重）
环境宜居度	经济环境	人口密集度
		单位 GDP 土地产值
		单位 GDP 用电集约度
	社会环境	总居住面积比 = 总居住面积 / 居民数量
		互联网覆盖率
		公共交通出行分担率
		人均医院病床数
		图书馆藏书 / 万人
		幼儿园、中小学学校教师每人负担学生数合理化
		听证会中公民对决策权的权重
		政府部门按规则办事人员比例
		参加失业保险人数 / 居民数量
		城市外来人口公平程度
	自然环境与人口质量	良以上天数占全年天数百分比（%）
		集中式饮用水水源地水质达标率
		肿瘤发病率

第八章　中国经济高质量发展的政策建议

制度创新中的体制机制改革对中国经济高质量发展具有显著的影响，因此，本章针对上述措施提出机制优化的政策建议，进一步推动中国经济高质量发展。

第一节　构建制度创新体系，推动经济高质量发展

一、构建推动城乡平衡发展的制度体系

在中国全面建设小康社会以及实现社会主义现代化过程中，城市与农村之间的平衡发展是关系到经济高质量建设的重要问题。为了改善目前城乡发展不平衡的困境，使得广大乡村地区成为新的经济增长点，需要从以下几个方面着手，推动城乡平衡发展新体系的建设。一是在教育、就业、医疗、养老、保障等方面资源以及公用设施向农村地区辐射，推动农村剩余劳动力就近转移，促进人口以及资金等生产要素在城市与农村双向流动。二是应该创新土地流转的方式，形成信息完备充分的土地流转市场，让农民能以真正公允的价格获得土地的转让价值。同时，应切实考虑转移出来的农地的第二、三产业发展需求，应以不改变其生产要素的本质特征为原则，使其在新的产业领域发挥更好作用，发挥其承载农业劳动力转移的功能。三是在加强水、电、气、道路等公用设施建设的基础上，应该注重农村居民的精神文化需求，根据居民需求层次的变化有针对性地发展不同的消费市场，以此刺激农村地

区的消费带动新的经济增长。四是优化农业结构和布局，因地制宜促进休闲农业、观光农业、旅游农业等现代农业发展，切实提高农村居民收入。通过以工促农、以城带乡，实现城乡融合发展、一体化发展。

二、构建推动绿色发展的制度体系

“波特假说”认为，适当的环境类规制政策在促进企业创新活动的同时可以提高企业的生产效率与竞争力，从而会对环境保护引起的成本增加进行抵消，最终实现环境与经济的共赢发展。因此，为了推动经济高质量发展就必须要坚持绿色的发展理念，正如习近平总书记提出的“绿水青山就是金山银山”，推动生态环境保护就是在为人民谋幸福。因此，在这一过程中，需要激发企业的创新热情，加快技术创新，积极运用科学技术对原有传统产业进行改造，推动产业之间的联动配合，促进各类生产要素流向知识密集、技术含量高的产业。另外，在以市场为导向的情况下，通过政策的干预作用，支持战略性新兴产业以及高新技术产业等节能环保产业的发展，降低污染物的排放。最后，将环境治理绩效纳入官员考核体系中，将生态环境成本并入经济运行成本中，加强政府部门以及政府官员对环境治理的重视，促进污染防治、生态保护以及资源节约，从而为人民日益增长的美好生态需要提供更多优质的生态产品。

三、构建推动创新发展的制度体系

区域的创新活动并不是随机独立存在的，这意味着各区域在创新的过程需要将区域之间的相互影响考虑在内。因此，要加强区域间的信息共享，促进技术、人才等科技资源在区域间自由流动，推动要素配置、人才队伍的协同化，进而提高创新效率。搭建资源共享与协同创新平台，推动科技中介组织体系建设，在人力、物力、财力等方面为合作研发以及科技成果转化提供支撑，更大程度发挥科技资源的作用，避免科技资源的浪费。在利用创新政策推动推动创新发展的过程中，要注意甄别不同的创新动机，根据创新的质量给予不同的激励政策。对那些技术含量高的创新，以前期投入支持为主，为企业进行高质量创新营造良好的环境，对那些技术含量低的创新，应对其进行适当的引导，激发其创新活力，提高创新质量。除了依靠政府的激励，也要充分发挥市场的调节作用，结合贷款贴息以及风险投资等金融手段，对创新活动给予多渠道的资金投入方式。

四、构建推动效率提升的制度体系

在要素市场化配置中难免会存在市场失灵问题而导致要素资源错配进而影响效率提高的现象，因此在要素市场化改革的过程中，除了要坚持市场的主体地位，还要加强市场与政府的有效结合。对知识与技术等这种由于外部性而容易被模仿或窃取的技术要素，除了健全科技成果产权制度，政府还应该完善创新资源的配置方式，促进效率的提高。同时政府还应该充分发挥自身的信息优势与协调作用，健全要素交易信息披露制度，缓解信息不对称等引发的市场失灵问题，通过完善政府调节，提升服务能力。除此之外，政府还应该营造良好的市场环境，改革监管体制，强化法制保障，加强反垄断和反不正当竞争执法，使得各市场主体能够公平地参与到市场竞争中，激发市场活力与创造力进而形成有效的激励效应。同时健全要素市场化交易平台，破除要素流动机制，引导各类要素协同向先进生产力集聚。

第二节　优化制度创新执行效果，推动经济高质量发展

一、充分发挥试点改革的示范效应

中国幅员辽阔，人口众多，各省份乃至各城市在经济、社会、文化、教育等方面都存在较大的差异，在地区发展方面很多工作还都缺乏经验。通过选择有条件的地区开展试验区或者试点的建设，在重要领域以及关键环节进行率先突破，这不仅是改革的重要任务，也是改革的重要方法。通过试点的先试先行探索改革的实现路径与形式，从而为其他地区开展工作提供样板与经验。在试点建设过程中要加强工作的统筹，并进行科学的组织与实施，其

中在顶层设计上要着眼全局，在基层实践上要关照全局，形成两者良性互动的局面。另外，由于各地区改革实施的条件各不相同，在试点地区的选择上，要避免试点单位扎堆某一地区，鼓励各地区对改革目标进行差别化的探索，并结合当地特色寻找适合当地发展的路径。由于试点改革涉及多个单位以及部门的协调与配合，因此在具体实施的过程中要最大限度地调动各单位以及各部门参与改革的主动性、积极性以及创造性。除此之外，对试点改革工作要分情况、分类别进行整理总结，为在更广范围内推广形成经验做法，从而形成“以点带面”建设的示范效果。

二、注意政策工具的全局性与差异性

各级地方政府在根据国家发展规划制定当地的发展策略时应具有全局意识，在国家战略一盘棋的框架下根据当地实际情况制定相应措施，对不同对象也要制定更为精准的引导与扶持政策。为此，各级政府相关部门应该要加强政策的解读与宣传工作，让各个创新主体能够切实领会国家战略的社会意义以及对当地发展的重要意义，从而能够将个人发展、企业发展以及区域发展更好地融入国家发展中，得到更好的政策实施效果。

同时，鼓励各区域优化政策工具组合，统筹相关政策工具，既要加强政策间的相互协调，又要对不同的政策工具采用不同的方式进行改进。对政府补贴来说，加大政府对于研发活动的补贴力度，提升其对科技创新与全要素生产率的促进作用。对金融机构贷款来说，鼓励金融机构开发服务创新活动的金融政策，如对具有较强创新能力、市场前景好的优良项目，调整相关的抵押担保资产，对具有时间紧、便利性要求高的创新项目给予合理化的审批制度，促进创新活动的进行与持续发展。在科技成果转化方面，要鼓励科研人员敢于探索、勇于创新、宽容失败，促进科研机构以及企业的利益机制转变。在知识产权保护方面，在知识产权保护、知识保密性和科技成果转化之间找到平衡点，促进知识在生产者和不同使用者之间的流动，加快技术创新。

三、加强信息共享与执行配合

由于区域间的相互模仿行为以及政策之间的空间相关性，创新政策的影响不受限于被支持地区，反而会由于溢出效应而对其他地区的科技创新以及全要素生产率产生影响。也就是说，政策的影响并不会因为行政区域的划分而彼此产生割裂，各地区间的信息交流与合作会使得政策存在空间依赖性。因此，政府部门在制定相关政策时要充分考虑区域之间的联动性，推动跨区域交流合作，增强信息共享和执行配合，进一步提高政策效率。在制定相关政策时，不应仅出于“利己”的动机，也应兼顾“利他”的考虑；不仅着眼眼前利益，也应兼顾长远发展。建立健全区域利益共享机制与补偿机制，深化区域合作，对城市群协调治理模式以及省际交界地区交流合作模式进行探索，提升合作层次和水平，对区域合作机制进行深化，对区域互助机制进行优化。以全局和协作的观念，提高沟通效率，降低经济运行成本。

参考文献

[1] 安然 . 海洋经济高质量发展理论与实践 [M]. 北京：中国经济出版社，2022.

[2] 曹保刚 . 河北省经济社会高质量发展研究 [M]. 石家庄：河北人民出版社，2019.

[3] 陈燕儿 . 人才流动与经济高质量发展 [M]. 北京：中国社会出版社，2022.

[4] 范庆泉 . 中国经济高质量发展阶段税制结构优化与财政资源配置研究 [M]. 北京：北京首都经济贸易大学出版社，2020.

[5] 广东省社会科学院 . 跨越关口：在构建推动经济高质量发展的体制机制上走在全国前列 [M]. 广州：广东人民出版社，2018.

[6] 黄德春，符磊，邵雨佳 . 长江大保护中经济高质量增长的金融支持研究 [M]. 南京：河海大学出版社，2021.

[7] 黄珏群 . 我国经济高质量发展驱动力研究：基于科技创新视角 [M]. 长春：吉林大学出版社，2022.

[8] 黄厅厅 . 新时代民营经济高质量发展研究 [M]. 昆明：云南大学出版社，2020.

[9] 黄志锋 . 民营经济高质量发展问题研究 [M]. 长春：长春出版社，2020.

[10] 金江军 . 数字经济引领高质量发展 [M]. 北京：中信出版集团，2019.

[11] 兰建平 . 跨越区域经济高质量发展 [M]. 杭州：浙江大学出版社，2020.

[12] 任保平，师博，钞小静，等 . 中国经济增长质量发展报告 [M]. 北京：中国经济出版社，2022.

[13] 邵桂华 . 冰雪经济高质量发展的机理与路径研究 [M]. 北京：中国商务出版社，2022.

[14] 史丹，王稼琼 . 中国经济高质量增长：中国工业经济学会 2018 年年会优秀论文集 [M]. 北京：对外经济贸易大学出版社，2019.

[15] 宋剑，李志红 . 河北省海洋经济高质量发展研究 [M]. 秦皇岛：燕山大学出版社，2020.

[16] 王小艳 . 协同推进环境高水平保护和经济高质量发展 [M]. 长春：吉林出版集团出版社，2022.

[17] 王振，徐丽梅 . 长三角数字经济高质量发展研究 [M]. 上海：上海社会科学院出版社，2022.

[18] 夏锦文，吴先满 . 新时代江苏经济社会高质量发展研究 [M]. 南京：江苏人民出版社，2020.

[19] 肖亮 . 卓越流通：数字经济时代流通业高质量发展与浙江经验 [M]. 杭州：浙江工商大学出版社，2020.

[20] 肖明月 . 浙江省经济高质量发展的动力机制与对策 [M]. 杭州：浙江工商大学出版社，2019.

[21] 邢征 . 康巴什模式：数字赋能县域经济高质量发展的新探索 [M]. 北京：朝华出版社，2023.

[22] 许正中，王忠，刘尧 . 高质量发展的政治经济学 [M]. 北京：中国言实出版社，2020.

[23] 喻春娇，柳剑平 . 湖北省经济高质量发展研究报告 [M]. 武汉：湖北人民出版社，2019.

[24] 臧一哲 . 中国海洋经济高质量发展之路 [M]. 青岛：中国海洋大学出版社，2020.

[25] 张俊瑞，陈怡欣，危雁麟，等 . 自主研发、税收优惠与经济高质量发展 [M]. 沈阳：东北财经大学出版社，2021.

[26] 张丽 . “一带一路”倡议下中国煤炭城市经济高质量发展研究 [M]. 北京：光明日报出版社，2023.

[27] 张林 . 广西县域经济高质量发展评价蓝皮书 [M]. 北京：知识产权出版社，2020.

[28] 张彤进 . 包容性金融促进经济高质量发展研究 [M]. 哈尔滨：黑龙江大学出版社，2019.

[29] 张雪芳 . 数字金融驱动经济高质量发展路径研究 [M]. 长春：吉林大学出版社，2022.06.

[30] 张云霞 . 辽宁省海洋经济高质量发展研究 [M]. 南京：东南大学出版社，2020.

[31] 郑明亮，陈祥义 . 经济高质量发展的区域经验 [M]. 北京：企业管理出版社，2022.